荆楚文庫

〔嘉靖〕沔陽志

〔明〕曾儲 修

〔明〕童承叙 纂

荆楚文庫編纂出版委員會
湖北人民出版社

荆楚文庫

〔嘉靖〕沔陽志

JIAJING MIANYANG ZHI

圖書在版編目（CIP）數據

〔嘉靖〕沔陽志 /〔明〕曾儲修；〔明〕童承叙纂 .
武漢：湖北人民出版社，2021.3
ISBN 978-7-216-10196-7

Ⅰ．嘉…
Ⅱ．①曾…②童
Ⅲ．仙桃－地方志－明代
Ⅳ．K296.33

中國版本圖書館 CIP 數據核字（2021）第 048273 號

責任編輯：陳　典　鄭如琴
整體設計：范漢成　曾顯惠　思　蒙
美術編輯：董　昀
責任校對：范承勇
責任印製：王鐵兵
出版發行：湖北人民出版社（中國・武漢）
地址：武漢市雄楚大道 268 號
電話：(027)87679656　郵政編碼：430070
録排：武漢偉創偉業廣告有限公司
印刷：湖北新華印務有限公司
開本：787mm×1092mm　1/16
印張：35
字数：484 千字
版次：2021 年 3 月第 1 版　2021 年 3 月第 1 次印刷
定價：162.00 元

ISBN 978-7-216-10196-7

9 787216 101967 >

《荆楚文庫·方志編》編纂組

組　　長：賀定安　陽海清（執行）

副 組 長：劉傑民（執行）　王　濤　謝春枝　范志毅（執行）

參編人員（以姓氏筆畫爲序）：

王　濤　李云超　宋澤宇　范志毅　馬盛南　陳建勛　梅　琳

張　晨　張雅俐　陽海清　彭余焕　彭筱澂　賀定安　楊愛華

劉傑民　潘　玲　謝春枝　嚴繼東

編　　審：周　榮

顧　　問：沈乃文　李國慶　吴　格

出版説明

湖北乃九省通衢，北學南學交會融通之地，文明昌盛，歷代文獻豐厚。守望傳統，編纂荆楚文獻，湖北淵源有自。清同治年間設立官書局，以整理鄉邦文獻爲旨趣。光緒年間張之洞督鄂後，以崇文書局推進典籍集成，湖北鄉賢身體力行之，編纂《湖北文徵》，集元明清三代湖北先哲遺作，收兩千七百餘作者文八千餘篇，洋洋六百萬言。盧氏兄弟輯録湖北先賢之作而成《湖北先正遺書》。至當代，武漢多所大學、圖書館在鄉邦典籍整理方面亦多所用力。爲傳承和弘揚優秀傳統文化，湖北省委、省政府決定編纂大型歷史文獻叢書《荆楚文庫》。

《荆楚文庫》以『搶救、保護、整理、出版』湖北文獻爲宗旨，分三編集藏。

甲、文獻編。收録歷代鄂籍人士著述，長期寓居湖北人士著述，省外人士探究湖北著述。包括傳世文獻、出土文獻和民間文獻。

乙、方志編。收録歷代省志、府縣志等。

丙、研究編。收録今人研究評述荆楚人物、史地、風物的學術著作和工具書及圖册。

文獻編、方志編録籍以一九四九年爲下限。

研究編簡體横排，文獻編繁體横排，方志編影印或點校出版。

《荆楚文庫》編纂出版委員會

二〇一五年十一月

前言

《〔嘉靖〕沔陽志》十八卷，明曾儲修，明童承叙纂。明嘉靖十年（一五三一）刻本。曾儲，廣東南海人，貢生，嘉靖八年（一五二九）任沔陽知州。童承叙，字士疇，一字漢臣，號内方，沔陽人氏，正德十六年（一五二一）進士，選庶吉士，後任翰林院編修，嘉靖十一年（一五三二）任國子監司業，官至左春坊左庶子兼侍讀，有《内方集》行世。

南朝梁始置沔陽郡，梁武帝天監二年（五〇三），武帝設沔陽縣，因郡治在沔水北，故名。後郡縣因革，代有不齊，明季爲府爲縣爲州，大抵與竟陵（天門）相出入。沔陽州志始自明景泰年間訓導胡經，成化時景陵知縣姜綰作景陵（天門）志，亦采録沔陽事。及曾儲任沔知州，歎『經志畧，綰志蕪，又其廢者七十餘年』，遂延請童承叙等續輯，『索之圖籍，咨之道路，考之荒僻，訪之耆舊』。志成於嘉靖十年，『畧者覈，陋者雅，蕪者理，舛者正，廢者續，可以勸，可以懲』。

童承叙曾任國史編修，修志仿諸史體例，以紀叙事、以表繫年、以志考故，以傳述行。全書分爲一紀（郡紀），四表（郡縣表、封爵表、秩官表、人物表），七志（提封志、創設志、河防志、食貨志、秩祀志、儒學志、兵戎志），十傳（秩官列傳、人物列傳、良牧傳、名將傳、死事傳、名賢傳、逸士傳、僑寓傳、孝義傳、外傳），約九萬字。是志頗爲時人稱道，贊其與康海《武功縣志》、王九思《鄠縣志》并列海内三大名志，後世史家亦甚爲嘉許。是志所紀陳友諒行跡，褒貶由衷，爲最齊備之文字，亦爲最早之文獻。該志由多名刻工完成，字體不一，但整體觀之，字體舒朗大氣，版刻清晰，印刷精良，品質上乘，少有瑕疵。

《〔嘉靖〕沔陽志》傳本極少，僅天一閣有藏。《中國地方志總目提要》載：『民國間沔陽盧弼得明崇禎陳文燭、費尚伊所修之志，從書中所采童志，依類别録成帙，校刻即行，改題《沔陽州志》，但卷一郡紀後考證、卷末辯誤，盧刻本均缺。今則盧氏所藏陳、費兩志不知流落何所。』沔陽盧弼氏校訂抄本人大圖書館有藏，另有民國十五年（一九二六）沔陽盧氏慎始基齋校刻本藏於多家機構。今人亦重視此志，一九六二年上海古籍書店《天一閣藏明代地方志選刊》影印此志，一九八一年至一九八二年上海古籍書店據影印本重印此志。《中國地方志聯合目録》《中國古籍總目》等收録此志，《稀見地方志提要》述評是志，甚爲稱許。

此次據天一閣博物館藏明嘉靖十年刻本影印。（楊愛華）

目録

沔陽志序

奉訓大夫知州曾儲撰

初訓導經作沔志知縣縉作景陵志余之至沔也求而覽焉經志畧縉志蕪又其廢者七十餘年矣余甚嘅焉迺謀諸郡倅歐子賢蔣子賢郡博士丘子振魯子宇胡子恪僉曰曷葺諸時太史氏在倚廬乃請之辭請之固太史氏曰志史也非究變徵實者其何葺之能然吾志也抑收散采逸子其先之余迺進鄉

薦士胡子彥陳子栢諸生劉子孟森蕭子寅陶子魯而讐校焉後命邑博士劉子鵬采摭於竟陵三越月事既峻太史氏亦禪於是提綱析類達義明例叙事以紀繫年以表攷故以志述行以傳又逾年乃成畧者數陋者雅蕪者理舛者正廢者續可以勸可以懲矣夫古今言史必曰遷固然遷周遊天下固世居史職故其事核而文雅後世稱良焉太史氏族本郡望尤以文學傳其家其世業不啻班

氏而是舉也索之圖籍咨之道路考之荒僻訪之耆舊蓋又不啻司馬氏之勞矧今義意悉主遷固名物悉出見聞故其事該而覈其文辯而理匪惟良於故志視近代諸志亦加良矣嗟乎余非其人也使太史氏罔宅於憂而諸子不余贊也猶夫廢也是將不為遺會矣乎志成書此以告宦於斯生於斯者

嘉靖十年冬十月望日

志 序 二

沔陽志序

志目

翰林國史編修郡人童承叙修

紀

表

志

傳

沔陽志十八

序志

余爲志據諸史傳及故志所載冗者裁焉鄙者黜焉略者覈焉訛者正焉疑者傳焉其功賴諸子搜校爲多余特類萃耳紀一表四志八傳十有一統十有八卷郡之大事鑒戒存焉作郡紀封爵秩官人物皆爲郡邑重作四表凡志郡邑

者民所止也故首提封位署建而制度彰矣故次創設役莫大於隄障民食仰焉故次河防河防固而財用阜矣故次食貨富必有教故次秩祀校者禮所從出故次儒學有文必有武故次兵戎凡傳秩官人物叙事也良牧惠也名將錄功也死事忠也名賢尊德也逸士尚志也僑寓思也孝義崇節也外傳備遺也

志目

郡紀

沔陽志一

唐堯之興因顓帝所建爲九州其南爲荊爾雅註漢南曰荊沔荊州域也

虞舜肇十有二州其一荊州

夏禹平水土還爲九州荊及衡陽惟荊州嶓冢導漾過三澨至于大別岷山導江過九江洞庭至于東陵巴陵江漢朝宗于海沱潛既道雲土夢作乂

商湯奄有九有制如夏

周文王之化自北而南江漢之域先被其澤謂之周南於是作漢廣之詩

武王受命亦為九州正南曰荊州川曰江漢藪曰雲夢

成王封鬻熊曾孫熊繹於楚居丹陽（歸州）沔為楚地景陵為鄖地（漢志竟陵有鄖鄉水經註中口西竟陵大城古鄖國也）

昭王五十一年王巡狩返濟漢舟解王與祭公俱溺焉（胡三省註左桑引水經註左桑在雲杜昭王溺處言百姓佐王喪也雲杜又有横桑言得昭王喪處晉於竟陵置横桑戍）

夷王時楚子熊渠甚得江漢民和至文王熊貲
益彊陵江漢間小國
定王三年楚莊王侶總帥諸侯觀兵周郊并吞
江漢之間
景王十六年（魯昭公十三年）楚公子比為王公子黑肱
為令尹次于魚陂（杜預註竟陵縣北有甘魚陂楚守甘魚之口亦此地）
敬王十四年（定公四年）楚滅鄖封鬬辛為鄖公是歲
吳入郢昭王出奔入雲中盜攻之王走鄖鄖公
辛與王出奔隨涉於成臼（杜預註竟陵縣西有臼水）

赧王三十七年秦白起攻楚拔郢遂東至竟陵

秦始皇郡縣天下置南郡沔爲南郡地

漢興高祖更置江夏郡竟陵爲縣西北爲雲杜

縣故志雲杜城在景陵西北梁於此置沔陽郡胡三省通鑑辨誤梁置沔陽郡於竟陵縣地李賢漢書註雲杜在沔陽縣西北沔爲雲杜地故志王莽改竟陵

曰守平

莽地皇元年竟陵三老漢鄉官名姓名闕起兵於郡

界新市人王匡王鳳與馬武王常共起雲杜

綠林中二年荊州牧發兵攻之匡等迎擊於

雲杜大破救軍遂攻拔竟陵

東漢竟陵　如漢

桓帝延熹七年正月戊辰桓帝幸竟陵過雲夢臨沔水

獻帝建安三年九月蜀先主敗於長坂斜趨漢津與關羽船會得濟沔景陵今有留駕河先主廟

十月吳周瑜破曹操於烏林按史操引次江北被燒走華容令烏林正在江北與赤壁對故關羽亦曰烏林之役

三國竟陵雲杜吳地

晉初竟陵雲杜制如漢

武帝太康元年杜預鎮襄陽開揚口通零桂之漕預傳揚口起夏水達巴陵水經註揚水北逕竟陵縣北注于沔謂之揚口通典復州沔陽有夏水

惠帝元康九年分江夏西部都尉置竟陵郡治石城領縣六長壽竟陵新市霄城新陽雲杜

太安二年正月義陽蠻張昌聚黨為亂江沔間起兵應之

七月荊州刺史劉弘以南蠻長史陶侃為大都

護遣攻昌於竟陵大破之

懷帝永嘉六年正月胡亢聚衆於竟陵自號楚公以杜曾爲竟陵太守

十二月杜弢別將王真襲沔陽（按晉志南郡江夏郡並無沔陽胡三省註當屬竟陵郡界宋白曰復州沔陽縣漢竟陵縣也郡國志沔陽縣即楚王城）

成帝咸康五年九月石虎將夔安李農陷沔南進圍石城竟陵太守李陽拒戰破之

穆帝永和四年十月石虎使其將苻健寇竟陵

帝奕太和三年四月慕容暐將慕容塵寇竟陵

太守羅崇擊破之

武帝太元六年十二月符堅荊州刺史都貴遣其司馬閻振寇竟陵桓冲遣冠軍將軍桓石虔與其弟石民破之擒振按晉志都貴作梁成

南宋初竟陵郡屬荊州孝建元年屬郢州領縣同晉

竟陵木產連理其上有光

齊和帝中興元年蕭衍至竟陵命王茂曹景宗為前軍進逼郢以中兵參軍張法安守竟陵城

梁武帝分竟陵郡置沔陽郡隋志梁置沔陽郡胡三省釋文辨誤

梁置沔陽郡於漢竟陵縣地故志雲杜城註梁於此置沔陽郡

大通五年十二月魏荆州刺史賀拔勝遣軍攻沔陽拔之史炤通鑑釋文沔陽漢中邑胡三省釋文辨誤漢中沔陽屬梁州時梁州已爲魏有史炤釋非

太清三年司州刺史柳仲禮赴臺城竟陵郡守孫暠以郡叛入于魏宇文泰使大都督符貴鎮之

簡文帝大寶元年正月仲禮還暠仍以郡歸泰將開府楊忠擒仲禮于溠頭別將王叔孫以竟

陵降于忠

史氏曰晉置竟陵郡治石城今安陸州書其事何竟陵我郡也其治石城何石城竟陵地也竟陵既自為郡凡大事必書書必繫於竟陵明我郡事也書我郡事故不嫌於石城也梁置沔陽郡竟陵為異郡矣復書其事何存故也春秋書陳災詩列邶鄘之風陳楚并之也邶鄘衛并之也何為復繫之存之也

西魏省州陵惠懷二縣置縣曰建興見隋志即今治所沈約志州陵屬南郡惠懷屬江夏改竟陵曰霄城晉有霄城魏或并竟陵入之也

後周置復州取復池湖為名治建興又省營陽州城二郡入建興見隋志營陽州城志闕復以霄城為竟陵

隋文帝開皇間徙復州治竟陵

仁壽三年州治復徙建興

煬帝大業初改沔州又改建興曰沔陽尋復沔陽郡統縣五沔陽監利竟陵甑山漢陽

大業十一年十一月城父朱粲聚衆轉掠荆沔

所過無噍類

恭帝義寧元年十月沔陽人張繡謀據郡叛隋推蕭銑為主

唐高祖武德四年五月隋真定令周法明遣子紹德攻沔陽拔之因以城降于唐

武德五年改復州屬山南道領縣三沔陽竟陵監利是年徙復州治竟陵

太宗貞觀七年仍徙治沔陽

玄宗天寶元年改竟陵郡

肅宗乾元元年改復州
寶應二年徙治竟陵
穆宗長慶四年夏復州漢水溢决
僖宗乾符三年十一月濮州賊王仙芝黄巢攻
陷復州
光啓元年春正月淮南叛將張瓌韓師德陷復
州據之
昭宗天祐二年八月朱全忠遣楊師厚陷復州
五代梁復州曰武威歐陽脩五代史職方考以監利入江

陵府
太祖開平四年分漢江南為白沙徵料院屬江陵玉
沙始此
故書
均王貞明五年五月吳武昌節度使季簡帥水
軍攻復州執知州鮑唐
晉高祖天福元年改復州曰景陵郡竟陵曰景
陵縣
周改沔州
宋太祖建隆三年改復州景陵郡領縣二景陵沔陽

乾德三年以白沙院為玉沙縣屬江陵

太宗太平興國五年七月復州江漲民舍隄塘皆壞

淳化二年七月復州蜀漢二江水漲壞民田廬

至道三年以江陵府玉沙縣來屬至是領縣二

仁宗寶元二年廢沔陽為鎮併其地入玉沙

神宗熙寧六年州廢以景陵隸安州玉沙亦廢為鎮屬監利

哲宗元祐元年復置復州及玉沙縣仍屬復州

欽宗靖康二年金人入寇殺鎮海軍節度使劉
延慶其徒祝進王在去爲盜犯復州攝德安守
劉規連戰破之
高宗建炎元年九月都統制范瓊捕斬李孝忠
於復州
紹興三年五月復州水
孝宗淳熙三年夏復州旱冬大饑
八年七月復州不雨至於十一月明年五月不
雨至于七月

十五年五月荆江溢復州水

寧宗開禧二年金人圍襄陽德安游騎迫景陵京湖宣撫使吳獵遣張榮將兵援之金人再犯景陵張榮死之獵募死士入景陵命其將王宗廉死守調大軍分道夾擊金人遂去時郡學諭陳嘉言亦死之嘉言之死故志云開禧間據史當在是年也

理宗端平三年蒙古忒木䚟攻襄陽江陵知復州施子仁死之是年復州景陵併徙治沔陽鎮以玉沙為附郭

淳祐十二年二月蒙古寇復州
度宗咸淳八年九月復州副將翟國榮遇元兵
戰爛泥湖死之
咸淳十年元將伯顔及宋兵戰于風波湖
十一月伯顔兵次復州安撫使翟貴迎降伯顔
諭諸將不得入城
恭帝德祐元年四月元將阿里海牙寇江陵宣
撫朱禩孫制置高達降禩孫移檄所部歸附翟
貴以城降

元初還縣治于景陵

世祖至元十二年改復州路

十六年陞沔陽府隸河南行省領縣二玉沙景陵

成宗元貞二年十二月玉沙水

大德九年五月至七月玉沙江溢

仁宗延祐元年六月沔陽饑

順帝至正九年四月沔陽大水

至正十二年春正月辛未徐壽輝陷沔陽推官

余述祖　達魯花赤咬住死之元史是年荅失八都魯引兵敗賊

十五年春正月丁丑徐壽輝遣其將倪文俊復陷沔陽陳友諒亦起於黄蓬

六月命章佩監丞普顔帖木兒翰林修撰列瞻招諭沔陽

七月命叅知政事哈林秃及王塔失帖木尔守禦沔陽如賊不降即進兵討之

十一月以太不花為湖廣行省左丞相總兵招捕沔陽

吴元年沔陽學產瑞蓮

明興初為沔陽府隸湖廣行省
高皇帝洪武九年改沔陽州省玉沙入焉直隸
湖廣布政司編户四十里領縣一景陵
景陵編户二十六里
純皇帝成化十年夏大水城内乘舟
敬皇帝弘治六年冬大雪恒寒
十三年大水
毅皇帝正德四年賊丘仁楊清聚衆於麻洋布
政使陳鎬副使蔣昇率兵擒之

八年夏六月沔陽學復產瑞蓮

十一年大水明年水大饑民物多耗

十三年都御史陳金奏改沔陽隷漢陽府民言不便者以千數知州李濂奏罷之

今皇帝嘉靖三年十二月晦地震

六年六月大水民田廬皆壞戊辰迅風大雨雹是夜人畜多溺死

七年夏旱河竭

八年沔陽疫秋七月漢溢

九年秋大水八月丁丑有星如月自東南流于西北俄有聲如雷

史氏曰夫祥異者天乎人乎隆汙者時乎天兆於上人變於下而時運乎其中矣相與之際何較然弗爽也是故郡之事孰大焉余因稍論次紀之夫沔之事載諸前聞大者如是而已休也咎也臧也否也興也廢也豈非後世之恒鑒哉

賛曰南紀建邦寔維雄鎮兆分祥沴蹟殊休咎

建革隨遷興替迭運時易事更交徵互應粤稽往牒式昭恒鏡

郡紀

叙按竟陵雲杜漢隸江夏郡晉分江夏置
竟陵郡治石城循領二縣梁分竟陵置沔
陽郡治雲杜領縣無攷隋沔陽郡所領縣
但存竟陵或省雲杜入之也二城迄無定
處故志以景陵爲竟陵又以其城爲雲杜
城通志以郢爲雲杜地一統志又以京山
爲雲杜地安陸志又以郢爲漢竟陵縣諸
說紛紛莫知所在蓋竟陵之名昉於史記
世家漢興因以爲縣秦漢止一竟陵至晉

以下郡縣各一安陸志所云謂晉竟陵郡治可也謂漢竟陵縣治不可也桑欽水經沔水東過雲杜又云夏水出江東至雲杜入沔今夏水入沔處淤塞無攷度其勢當經景陵地若是則今縣治信雲杜也穀梁傳水北曰陽雲杜在沔北故梁置沔陽郡治此晉書杜預開揚口起夏水達巴陵胡三省引水經註揚水逕竟陵縣北謂之揚口據此則夏水入沔處又當為竟陵不為

雲杜矣何與欽與乎漢書劉玄傳馬武王常擾竟陵擊雲杜李賢註雲杜故城在復州沔陽縣西北竟陵故城在郢州長壽縣南賢唐太子所註沔陽長壽皆自當時郢復二州附郭之縣而言其曰沔陽西北者正今景陵治益可見其爲古雲杜矣其曰長壽南者則無其地水經書傳漢書皆云章山古之内方在竟陵東北而荆門安陸漢川志俱有章山未知孰是史記正義竟

陵在長壽縣南一百五十里頗與賢同水經註巾水西逕揚水謂之中口水西有竟陵故城古鄖國也今景陵西三十里有中港港西亦有城城多荒圮蓋自梁已廢正在長壽南百五十里叙訪得之頗與水經註正義合意梁置沔陽郡遂省雲杜而徙竟陵於此爾然其相距太近不應漢晋二縣并置一方玉海以沔陽縣為雲杜豈指今州治耶然無的據不敢彊通姑識之以俟博雅君子

沔陽志二

郡縣表

	州	縣
唐	荊州域	荊州域
虞	同	同
夏	同	同
商	同	同
周	同	同
春秋戰國	楚地	鄖地
秦	南郡地	竟陵

郡縣表

西漢	雲杜縣地屬江夏郡	竟陵雲杜二縣地
新莽		守平
東漢	同	竟陵雲杜
三國吳	同	同
晉	雲杜縣地屬竟陵郡	同
南宋	同	同
齊	同	同
梁		沔陽郡
		竟陵

西魏	建興縣	霄城
後周	復州	竟陵
	建興縣	
隋	建興縣	竟陵
		復州
	復州	
	沔州	
	沔陽縣	
	沔陽郡	

唐							五代梁	
復州	沔陽縣		復州	竟陵郡	復州			
竟陵		復州				復州	竟陵	復州

唐	晉	漢	周	宋			
				沔陽玉沙二縣地		沔陽鎮	玉沙縣
復州景陵郡	景陵	復州	沔州	復州景陵郡	復州		

玉沙鎮　復州廢

景陵隸安州

玉沙縣　復州

景陵

復州

景陵縣徙

元　復州路　景陵

沔陽府

玉沙縣

皇明
沔陽府
景陵

玉沙縣

沔陽州

史氏曰夫州埜之畫存乎制沿革之變因乎時竟陵沔陽漢晉而下並爲名都重鎮雲杜霄城建興又爲公侯爵邑其所由來遠矣至其封割徙置不能不隨代而殊余故列之于篇備觀省焉

贊曰雲夢晝埜江漢導流剖郡置守開國建侯
晉隋重鎮漢唐名陬遷徙殊代封割異謀

郡縣表

封爵表

	王	公	侯	男
東漢			竟陵侯劉平 城陽恭王後永平五年封平卒子貞嗣貞卒子禹嗣禹卒子嘉嗣	
晉	竟陵王楙 義陽王子懷帝封			竟陵縣男孫暨宣 銍人孝武封
南宋	竟陵王劉義宣	竟陵縣公劉道憐	霄城侯趙倫之	

志二

封爵表

	武帝子食邑五千戶	高祖中弟食邑二千戶	下邳人武帝封
	竟陵王劉誕	竟陵郡公蕭道成	霄城侯蕭斌
	文帝第六子	順帝封後爲齊高帝	竟陵縣侯呈喜
			臨安人明帝封食邑千戶
			竟陵侯薛深
			汾陰人元徽末封
			雲杜侯段佛榮
			京兆人追封
南齊	竟陵王蕭子良	霄城侯蕭寶玄	

武帝次子子昭胄 安陸昭王緬子
嗣

竟陵國夫人陳氏 東陽人高帝母昇明三年追贈

竟陵縣侯曹景宗

雲杜縣開國侯柳慶遠 解人天監二年封子津嗣

霄城縣侯范雲 舞陰人高祖封

梁

竟陵王蕭圓滿 武陵王紀第三子太清中僭封

竟陵王蕭賁 侯景矯詔封

周

隨國公楊忠 弘農人食

志二 封爵表 二

六二

封爵表

竟陵侯千戶侯其祖
賦子堅嗣

竟陵縣楊惠忠第大象末封

鄖國公韋叔裕

杜陵人公字孝寬以
字行武帝封子總嗣

建寧縣公李[redacted]

會稽人蕭巖封

竟陵郡公楊瓚

一名慧堅第武帝封

竟陵郡公楊坦

隋

二

唐

瓚子高祖封

鄖國公殷開山 鄠人高祖封

鄖國公褚亮 杭人

鄖國公韋安石 京兆人神龍元年封

汧陽郡公孫武達

皇明	鄖國公廖永安 濼陽人 洪武十三年封

史氏曰沔自漢以來雖爲王公爵邑大抵遙授而巳賢如子良不賢如義宣於沔也有榮辱矣贊曰竟陵雲杜土曠而野列爵建邦受兹赤社作彼藩服光我江夏

封爵表

秩官表

沔陽志三

州縣附

晉	太守	史
元帝建武		裔
成帝	李陽	
康帝	鄧遐	
海西公	羅崇	
簡文帝	桓石虔	
孝武帝寧康	桓石秀	

太元	趙綋			
安帝	魯軌			
南朝宋	太守	內史	郡丞	郡相
武帝	劉粹			
	檀祗（金鄉人武帝除不拜）			
	趙伯符			
文帝	申誕	殷道鸞		
	孟宗嗣	劉道濟		

志三　秩官表　二

		孝武	明帝		齊		周	
宗珍之	劉德願				太守	劉懷珍	太守	裴寬
	臧質	薛安都						
			陳懷眞					
				黃僧念				

	裴果					
東昏侯	曹景宗					
永元	房僧寄					
	縣令					垡
	夏侯恭叔					
明帝						張惠紹
梁	太守					
	張惠紹					
武帝 天監	康絢					

韋放

太清
孫暠 二年暠以郡叛入于魏暠奔又以郡歸

王僧辯

裴邃

隋

刺史

開皇
李信則

縣令

王懷 琅琊臨沂人潙陽令

唐	刺史	司馬	長史	司參軍
中宗	狄仁傑			
肅宗	李齊物			
	李復			
憲宗	盧虔			
	崔訏			
宣宗大中	姜公輔 郴文 以丞相貶復州 本傳作吉州	于延陵		

懿宗 咸通	董元素 開君攝瀑		陳璠	張公素 以節度貶
五代梁	防禦使 刺史	司馬		
太祖 貞明	鮑唐 五年為武昌節度使季簡所執			
唐	鄭延昌			
莊宗 同光	鄭肇 見晏殊類要不知何代人	姚顗 元年以梁翰林學士貶顗萬年人		
晉 開運	吳巒			
漢	王彥超			

	安撫使防禦使團練使知州	通判	推官	教授
宋 太祖 開寶	梁延嗣			
太宗 端拱	朱昂			
淳化	魏丕 字齊物相州人五年領州事			
真宗 景德	劉師道			
仁宗 寶元	王琪		宋祁 釋褐後州軍事	
皇祐	唐介	唐淑問 介子		王益柔 以集賢校理黜監州酒稅

神宗

熙寧二

丁諷 諷官刑部元年坐受刑名勅不即下獄

張耒 監州酒稅

哲宗

元符 張珦

徽宗

大觀 万俟湜

宣和 李森

高宗

紹興 鄭剛中 十六年十月責濠州團練使復州安置

何度 二十七年知復州

王友直聖嘉高平人天雄節度三十二年渡淮遇金兵悔不能擊自陳改州防禦

焦維正

張適道

孝宗乾道

寧宗慶元　高文虎貴州團練

理宗端平　施子仁

施師點聖典上饒人調任

寶祐

王知新

楊文仲

度宗

咸淳

呂文福 五年六月

以文福為州團練知濠州

陳自強 責州團練副使雷州安置

翟貴 十年元兵至貴迎降尋又以城降

翟黃

恭帝

德祐

田謹賢

			景陵	哲宗 元祐	寧宗 開禧	元	世祖 至元	
楊邦憲	元年加知思州 護賢知播州邦	憲並復州團練 使趣兵入衛				達魯花赤 知府	張美珍 國寶 全州	人任達魯花 赤
						同知		
			秦溥	謝悰				
						推官		
			學諭		陳嘉言			

順帝至正	白景亮					
	安僖寧					
	張寬					
	咬住	三山與咬住同時		俞述祖		
	劉聞為友諒用					
景陵	達魯花赤 尹		簿		教諭	
稙至元					胡朢	
蔡至治	李		靳 李靳俱失名有修學功見孫康記			

泰定 阿里

順帝至元 忽都不花

皇明 知府

高皇帝洪武 馬魯

知州

金德 用輝十年任

同知

判官

吏目

學正

訓導

通判 許弼

韓夢蟠 平陽人

焦德 見故者出吳形爵識易氏跋

戴用 號芝山樵

高鑑

孫康

傅珪

教授

歐陽奎 廬陵人後遷國子助教隸籍于沔

袁時習

徐鎮 二十五年任

馬昇 三十四年任

管茂

黃信 十七年任

黃富 十八年任

齋帝樂末

王孟

殷繼 廷幹 鄞縣人進士

周順 句容人

徐克敏 江西 宜春人遷知積古書述 縣 隸籍

平秩 三年任 多

王貞 二十二年任

王性 二十五年任

朱仕珉 鄞人 二十八年任遷程鄉教諭

胡運

賓經

張淵

辛榮

呂哲 四川人 十

[illegible] 洪熙

湯寶 句容人

晏寧 上高人 貢士

羅用 滄州人

萬經 南昌人 八年任

六年任 遷王府教授

孫芝 福州人 遷 參議致仕

劉芳 金鄉人

關輔 山西人 監生

曾成 十八年任

呂鎮 祥符人 監生

徐曦

傅立 通州人

李通 仁和人

薛俊 蘇州人

鄒儔 孝感人

黃健 撫州人

章皇帝宣德		睿皇帝正統		
李震	丁鏞福建人	鄒烜	王璿文衡無錫人監生	
姚信		孫愈蒙陰人監生十二年任	姚鏞河南人監生	雷俊兗州人
朱顥新寧人監生	錢金會稽人			
洪慶積之錢塘人貢十三年任	孔定止武孔氏裔孫江西派貢生選荊府伴讀	杜楫濟川吉水人貢十八年任		
陳禮永嘉[illegible]人進士禮部主事調吉安通判四年謫泗	姚福河南人	馬政四川人監生九年任遂謫泗	顧仲賢上元人	葉孟俊廣東

人監生九年任

彭質

舒琮公璧忠州人貢士遷平涼教諭

景泰

鍾頊

傅思嚴州人

林惟盛

胡經

天順

鄭立

王達文亨潞州人監生元年任

胡璉廷器番禺人元年任

李瑛玉成西流人監生

張頊

鄧俊世彥武進人監生

崔文

王舉廷臣聞喜人監生

雷耒聞遠南寧人監生

段敏賢江西人承差

徐寧時清巴縣人監生

縣丞

成化

吕文延津人貢士二年由潛江知縣任

孫景安山東人吏員九年任

邵性餘姚人監生二年任

李守己四川人監生

盧執中巴縣人貢士三年任秩滿歸

曾守靜七年

龐珵朝儀貢士十年任遷宗人府經歷

朱江蘇州人監生十五年任

吳傑高郵人進士十年以給事中左遷

顧通十年任

盧淼餘姚人貢士

魏宏桂林人貢士八年任遷監利知縣尋調江夏

孫衍

鄔立浙江人吏員十九年任

金玉

陳璟

劉顯安福人監生

劉琳陝西人貢士卒于官

張瑄廣東人

王雄樂平人監生

黃紀鹽井人監生

李名闕廣西人

敬皇帝弘治

董傑

金彔 宛平人八年任

侯紳 元年任

鄧 名闕元年任

陳明

孫洪 江西人貢士學正左遷

魏溥 陝西人貢士

張淮 進賢人監生

王佐 陝西人監生

閻貫 埶江人承差

章鉞

謝璉 宿松人監生

林濟 敷澤上海人貢士八年任

馬銓 順天人

廖元孜 四川人八年任

岳淩霄 四川人監生

費珩 歸安人監生

唐潛 金華人監生

張弘宜

林洪 福建人監生

劉宗道

林木茂

彭薑 衢亨 中江人貢士十七年任

能倫 南昌人貢士

華貳 青陽人監生

張璡

徐濬 潤之歐寧人監生十年任

毅皇帝正德

何璋順德人貢十二年任

陳誼元年任

楊旭山西人監生四年任

黃鍾保寧人監生八年任

林士元

余綱鳳陽人監生

郝松

湜洪廣東人吏員二年任

張完廷貫永嘉人監生八年任

李諫順天人監生

林允善信增城人貢十五年知州左遷

陸萬里鵬程宜山人貢十四年任尋遷崇慶學正

徐咸

林巒瓊州人監生七年任

李楫濟之安慶人進士十年由御史左遷尋陞知縣去終參議

梁餘

陸清崇德人監生七年任遷教諭

李濂

張簗廷獻桂林人貢十五年任以憂去

謝廣衡連江人監生十年任

馬維汀州人恩生九年任

徐璉

志二　秩官表　一十二

郭望 龍泉人監生十一年任

丘山 光州人監生十四年任

僉憲 嘉靖

儲洵

姜玉潔 劍州人監生三年任

鍾曉

羅廷瓚 廣東人承差二年任

王鑾

蔡澄 信陽人監生元年任遷故城教諭

陳順 台州人貢 十五年任

胡譽

王淳 陽州人監生四年任

王果 無錫人監生八年任

丘振 南城人貢 十八年任以藍山訓導遷

魯亨 當塗人監生三年任

曾儲 南海人貢

歐賢 番禺人監

任佃 南充人進

胡恪 桂林人貢

十八年任
生九年任
十六年任御史左遷
十六年任

游淄內江人書
貢十一年任
黃直
劉楫蘭陽
蔣賢新淦人監生十一年任陞曾河縣主簿
呂相崇德年任

景陵
洪武

知縣　張天麟　嚴貞

縣丞　王邦英安福人經明行修遷監利知縣　宋廷鳳見故　轟識

主簿

典史　劉鍾南昌人　張善本初丘縣人

教諭　康孔高泰和人貢生　朱本立保昌人監生

訓導　彭壽齡景陵人儒士　熊子維豐城人

宋席通州人
盧鑑巴縣人
高尹南城人貢士遷御史轉湖廣副使
黃希慶吉水人儒士
任英鳳翔人
鞠恭尚敬和州人
方杲和州人

宣德
楊季安
閻潔平陽人
張鑑克新盧州人
周夔來新人監生

正統
顧行
姚壽懷遠人監生
喬著冠縣人重修文廟有功學校
熊禎順慶人
翁善
丘希正程鄉人貢士

吳傑祥符人
宋文盛納溪人監生
顧定文舉臨淮人
瞿鏞達縣人
陶濱汝器高郵人貢士
余季樞無錫人儒士

梅魁 應春 臨清人監生，卒于官

孔章 文美 邵武人監生

陳顒 山陰縣人吏員

時中 宜之 慈谿人貢士

蕭淇 行清 泰和人儒士

張敬 方恭 成都人監生

唐魁 士元 合州人監生

景泰

魏庸 時中 鳳陽人監生

梁寅 吳橋人監生

張欽 彰德人吏員

朱瓚 廷玉 當塗人吏員

曹珎 伯奇 湖口人貢士

馬達 時適 山陰人貢士

陳頎 文之 吳縣人

蘇啓 南安人監生

黃陳文 廬州人承差

天順

嚴奎 應吉 水

魏欽 汝恭 瑞安

郭惠 智明 襄垣

胡厚 新淦人吏

姚綿 懷遠 莆田

傑宥 和州人監

				成化				
人	賴英 安遠人 監生	秦敬 惟一 吳縣	人監生	張繼宗 永承	興化人監生 十六年任	姜綰		田俊 冠縣 人監
人監生				楊芳 內江 人監	生	諶寬 制夫 宜賓	人監生	
人吏員	馬昇 海豐 人			萬濟 富順 人吏	員	古制 安邑 人監	生	晉昊經 宗道
員				靳傳 丹塗 人吏	員	張讓 沭陽 人貢	員	熊祉 天錫 建昌
人貢士				劉濬 源潔 豐城	人	曾瓊 乾體	泰和人貢士	習善
生				譚旻 元之 青陽	人監生	陳源 鍾洪 永豐	人監生	張欽 孔寅 進賢

生

瀘州人監生

任孜磁州人

人

人監生

張濬源哲嵊縣人監生

生

白偀磁州人監生

孫昌衍慶廣安人監生

弘治

湯貴朝端永豐人監生

耿資交城人監生

何真衢縣人監生

陳華莆田人吏員

涂坦習州人貢士

彭楦世圭信豐人監生

經邦世用仁和

謝玠介江陰人監

黃璇廷用大竹

張昱時暉開縣

胡誠貢中巢縣

人監生 生 人監生 人貢至十二 人監生

年任

周端

曹恕 新淦人監

李暕 景陵求康

高震 臨湘人監

生 人監生 生

詮 廷用新建人

正德

左輔

杜倫 伏羌人監

李實 廣安人吏

孫炫 餘姚人

周講 常熟人監

劉翹

生 員 生三年任

徐環 望江人貢

嚴輔 上虞人吏

胡洪 藤縣人監

李翔

梁倫 江浦人監

十二年任 員 生 生

陳良玉

曹璒 神木人監

杜傑 仁壽人監

蔡德器

虞載

生

生

來亨

艾琳 彭澤人監

生

李東

曹澤 固安人監

生十三年任

周茂 吉水人吏

員十五年任

曾學 師聖 潛江人監生十六年任

常吉德之 閬中人監生十二年任

嘉靖

周申 文伯 眉州人貢士二年任

羅監 茂州人監生五年任

張儒 大同人監生元年任

楊從政 夾江人吏員五年任

羅時裕 克容 富順人監生七年任

劉鵬

朱相 汝翼 南充

楊潮 宗海 姚州

譚良貴 天爵

李名正 宗舜

任倫 天叙 西充

人貢士五年任

人監生六年任

巫山人監生四年任

內江人吏員八年任

人監生五年任

張珩廷珂漢州人貢士八年任

周誥天錫武進人監生八年任

江宇[illegible]南豐人監生十年任

林茂秦景陽樂清人監生十年任

皇明
沔陽

巡檢驛丞

殷秀 陸安人茅鎮

郭錦 白水人沙鎮俱巡檢

姜愷 齊河人漾洋

楊舉 東河人沙湖

呂鏞 武義人到河俱驛丞

倉局河泊典術典科僧正道正

朱璨 豐城人求豐倉大使

盧佐 景泰任

寮宗 江西人正統任

李謙 壽州人求豐倉付使

周晃 弘治任

行昕 本州人天順任

楊得玉 平原人稅課局大使

袁欽 人正德任

惟璘 本州人弘治任

張玹 章丘人西湖

童承祥 嘉靖任俱本州

道心 景陵人嘉靖任俱僧

姜崇義 唐州人下伍湖

人陰陽典術

正

王友仁 宜縣人葫蘆三灣

熊禮 正統任

劉仁成 江西人洪武任

唐顯 慶州人下總帳湖

曾森 弘治任

張全安 永樂任

劉鳳 鎮安監生瀘馬澤

劉定 嘉靖任俱本州

黃真衍 景泰任

[illegible]官末

楊昌 南海人，陂下小港

人醫學典科

蔡憲 三原人，陽名湖

王綸 長安人，上帳湖

鄭徽 [redacted]人，白雲三汊

王聰 滄州人，馬骨汊

李本香 宜賓人，沙湖

何宰 紹興人，直步湖

何李俊 通江人，中下蔡河

李湖 山陽人，陽子血池

十[illegible]

葉復濬 弘治任，俱本州

人，道正

胡景昭山陰人風波湖
董□上海人許
卓仙家池
劉漢當塗人司馬小陽
宋志明華亭人張家池
張瓚吳橋人劉河
高剛固始人白蹊湖俱河泊所官

陵景
杜村珽□□
賀□細田

時先　霍丘人

曾智　關縣人

何知　海豐人

李甫　上蔡人俱乾鎮巡檢

劉信　德州人乾灘驛丞

徐濬

徐智

徐行　俱本縣人陰陽訓術

羅方

羅昂

羅珎　俱本縣人醫學訓科

史氏曰叙聞之守令者非吕役民也將吕爲民役也是故不惟其官惟其賢不惟其事惟其能而已夫人之宦於沔多矣其可考見者於是表著之或賢焉或能焉或否焉民指而議之雖千載之下卒莫能爽其口也是又豈特爲民役而已邪詩曰下民有嚴言可畏也故畏民者吕使民畏者亾

贊曰桓桓郡邑惟民攸止煌煌珪組惟民攸視役之則亂畏之則治崇卑殊秩牧愛同理

秩官表

人物表

周 春秋	
定公 魯景	鬬穀於菟
東漢	
靈帝	劉焉 子璋 誕範
南朝	
宋明帝	張興世 子欣 時欣業欣華欣泰弟 僧產

元　人物志

黄回

梁　張齊

宋　科第　辟舉

英宗　張徹見傳

神宗元豐　張迪見傳

寧宗開禧　陳嘉言

理宗端平　祝松見傳

元　科第　辟舉

仁宗延祐甲寅　黄翔景陵人仲

仲翬河南進士及第授浮梁州判

泰定致和丙寅

張淵道

陳伯淵

張從道

己巳

陶鑄希聲河南進士及第授太祝後改國子助教任湖南憲司經歷

皇明

甲科

鄉貢

歲薦

辟舉年次無考

應例年次無考

洪武甲子

萬質監察御史

周敏

朱源浙江按察

有文學武備名

李義 刑部主事

李性善 兵部主事

高桂 振芳工部主事

主學正紫陽學志引袁學正序是科止二人而無性善當以袁序為正

乙丑

丁雲 王府審理

歐陽謙 見傳

副使

胡汝楫 知府

有學行

劉儼 臨川知縣

何承嗣 本初歸安

知縣謫戍

丙寅		傅礪刑部主事　朱仕珉希賁任本學訓導遷程鄉教諭
戊辰		薛志通漳浦縣丞　張德義德延平府經歷
己巳		姜尚綱錦衣衛知事　孫誠彥明監察御史　攺交水知縣
庚午		孫斛景平誠子杭州府同知　錢瑭幼號神童舉明經仕終給事中
壬申		虞信見傳

志四　人物表　三

癸酉	甲戌		丙子	丁丑		戊寅	庚辰	辛巳
蕭韶希聲絳州同知	彭準公器刑部主事遷戶部郎中終南康知府		殷璡民敬刑部主事	胡志學從矩兗州府同知		宋耿	嚴貢用賓禮部主事	李衡公平趙州知州

壬午	永樂癸未			甲申	乙酉
				李瑄圭夫中部知縣	
	李瑄	劉琢見傳	周敏好學應天中式授序班遷監察御史終浙江按察副使		邵暹
胡韺大雅刑部主事				王恕希仁刑部員外郎	楊恪汝寧府知事
	張薦桂林通判	傅灝弘遠南京	中城兵馬		

丙戌

戊子

己丑

庚寅

黃金 剛中父 交趾判官

李敏 懋功 汝州訓導 遷沔縣蓬溪教諭

余中 正言 工部主事

楊秉彝 新津 知縣 調光祿署丞

郭玹 子輝 福建布政司經歷

陳讓 南平縣丞

蕭常 慶遠府經歷

辛卯		王倧 訓導 貞子	
壬辰	鄧遲 見傳		王偉 大用 淮陽知縣
癸巳			楊豫 思立 忠義右衛經歷遷磁州同知
甲午		章宿 廷用 固城主簿	王秩 仲和 尋甸軍民府檢校
乙未	王倧 伯武 大足知縣調夏津		
丙申			李禎 仲祥 崇慶吏目

志四　人物表　五

丁酉

平璉　宗器，學正秩之子。漣川訓導，遷餘杭教諭。

葉篪　沔縣縣丞。

戊戌

童愈　希勝。四川布政司照磨。

庚子

徐璘　廷玉。大寧知縣。

蕭暹　朝陽。絳州判官，遷都昌知縣。

李琮　圭瑞。瑄弟。

陳勛　功懋。吏部司務，遷青州府知府。

				洪熙	宣德			
辛丑	壬寅	癸卯	甲辰	乙巳	丙午	戊申	己酉	庚戌
		鄧倫見傳						
秦初安吉知縣	張忠		白仁傑象州知州	袁德齊東知縣	方謨馬湖府同知	管琮壬戌邳州知州	魯忠安岳知縣	張敏好學雎州判官
					田志通武涉主簿			

壬子	癸丑	甲寅	乙卯		正統丙辰	丁巳	戊午	己未
								劉深見傳
			蕭禧弘祚潼川	訓導遷真定教諭			劉深順天中式	
陳榮子華富民知縣	何淑伯賢無爲訓導	張瑄潤之弋陽知縣			曾璉汝器清平知縣	張適之適唐縣訓導	王清本澄芮城知縣	

庚申	辛酉	壬戌	甲子	乙丑	丙寅	戊辰	己巳	景泰庚午
								喬沂思會理子巡淮訓導
殷貢時懋溫縣訓導	彭程萬里栢鄉知縣	李富文義萬載知縣	王盛世昌高安知縣	張貫崇爵潼川判官	劉寬文饒同安知縣	許英世傑伊府典寶	朱臨孟陽	馬縉世顯平縣知縣

辛未 壬申 癸酉 甲戌 乙亥 丙子

邵福見傳遇之經
王和霖望之清苑知縣

楊達善之蕃府經歷
胡清源潔舉鉛山知縣
李懋文勉
汪俊世傑
王昇方旭
王瓚良器岳池知縣
馬遲賓鴻岷府引禮舍人

天順

己卯　庚辰　辛巳　壬午

吳璿 解元見傳

陳進 用之

幹榮 仕華

黃鳳 紹芳

呂震 伯啓南京都察院照磨遷中書舍人

郭冕 元美

楊忠 思誠岑溪知縣

陳琮 廷玉貢溪主簿

成化			
癸未			任志之道新昌主簿
甲申			姚本馬湖府經歷
乙酉		劉鈺順天中式	楊暹
丙戌	劉鈺見傳		蕭艾江津縣丞
戊子			朱儼蜀府典儀
己丑			胡深永新縣丞
庚寅			張壽希仁金吾衛經歷以詩翰名
壬辰			虞韶世美信之

癸巳　甲午　丙申　丁酉　戊戌　庚子

劉達　九達棨　縣知縣

王瑞　廷信表　佳有文名

歐陽俊　謚復齋　州訓導

殷璽八　廣西武　上石知州

孫禹　安縣丞

何立　信陽衛　經歷

徐誠　本實秩　溝訓導

李祐　天錫合　江訓導

楊瑞　萬縣　主簿

查偉　岑溪　知縣

王朝儀

志四 人物表 一九

辛丑	周昇 岳池訓導
壬寅	梅實 景和雅州判官
甲辰	曹昌 安慶衛經歷
乙巳	蕭鳳翔 文舉 禧之子 馬湖府訓導
丙午	喻諒 寧波府訓導
弘治戊申	管麒 慶南府經歷
己酉	王崇高 尚節 貴州安撫司訓導

庚戌	壬子	癸丑	甲寅	丙辰		丁巳	戊午	己未
								先忠憲見傳
	先忠憲諱旭						羅濟汝楫春秋魁	
覩華舜綸獨山知州	田深本源歷勤同知	方俊伯英贛縣縣丞	蔡泰宗堯	徐詔廷章	童錦文綉宿遷訓導	黃恕揚州訓導	李銓廷器將樂縣丞	湯成全仁

年			
庚申		鄒榮 希仁，青州訓導	
辛酉		王魯	
壬戌		李珊 時獻，彭縣訓導	
甲子		胡璉 宗器，思恩照磨，爲叛賊所害	
乙丑		周貴 元爵，崇慶判官，補任寧州	
正德丙寅		馬昂 德綱，廣西按察照磨	
戊辰		袁英 世傑，徐州訓導	黃貞

己巳	庚午		壬申		癸酉	甲戌		丙子
蔡綬 公佩吳橋訓導	王相 良弼朝儀子有	文譽墊江訓導	姚昱 克明靈璧訓導	遷杞縣諭補任萬年	李華 文秀壽府奉祀正	劉景暘 時晋	鈺之子湖州府訓導	張瓚 仲圭壽之
王鋭 序班		蕭鸞				楊琇		

丁丑

戊寅

己卯

庚辰

童承敘 詩魁

吴惟學 見傳

子信陽訓導

張昂 抑之，淳安訓導，得志卒于官，衆祀于名宦

繆凱 舜臣，新都訓導

左賓 汝賢，舒州訓導，補任泰和，遷教諭

張潤 德潤，壬江所吏目

劉元慶 崇善，深之子，嘉定訓導，遷崇慶學正

年	進士	舉人	貢
嘉靖辛巳	童承叙 士疇，改翰林庶吉士，授編修		王問 時言，鄧州訓導
			劉海 仲容，南溪訓導
壬午			陳紳 廷佩，巴州訓導
甲申			張鉞 廷儀
乙酉		梅山 少嶽，雙流教諭	歐陽璿 廷佩後，王之子
		夌俊 季賓之子	
丙戌			王會 嘉會，棨經訓導
戊子		胡彥 稱美，書魁	蕭訓 求年
		陳栢 憲卿，勛之	

志四 人物表 十三

己丑 庚寅 辛卯 壬辰

傅頎

梁杰 光國 曾孫

邵凱

傅頎 師程 解元

邵凱 才仲頎、天中式

福之子

徐欽 尚敬

景陵

	甲科	鄉貢	歲薦	辟舉年次無考	應例年次無考
洪武甲子		史文宗廷正丞山訓導	吳國珍萊州府同知	張登琇山西按察僉事	
丙寅			秦復卿工部員外	孟文户部主事	
丁卯		程昭懷遠教諭遷户科給事中		張勳登封主簿	
戊辰			王謙重慶府知事	彭希齡儒士爲縣訓導	
庚午			蕭鈺雙流教諭		
壬申			劉謙光州訓導		
甲戌			陶琛順州判官		

年			
丙子			羅鍾 延用浙江布政司參政
戊寅			劉冕
庚辰			王正隆
壬午		胡儁	王輿
永樂 甲申	胡儁 士美行人司正轉江西布政司參議		吳良
乙酉		何謙 守謙主事	
		何慶源 本宗靈壁知縣	

丙戌	戊子	庚寅	辛卯	壬辰	甲午
雷鐸 舉[illegible]大昌知縣	婁勉 志學定遠知縣		黃鍾 景陽縣慶武定二州知州		
張凱	胡昌 工科給事中後改大寧都司都事	廖珩 奉新主簿		顏[illegible]義 用賢廣信同知	丁 劉謙 尚光徐州訓導

丙申
向儒 子鴻 福州府同知

丁酉
何禮 主敬
鄧燊 尚敬
徐顯 明道

戊戌
危誠 子純 井陘知縣

庚子
邵善 復初 溫州知事

壬寅
李愷 仲和 蓬州判官

甲辰
焦裕 子厚 東安縣丞

宣德
丙午
李端 正之 登州衛經
李慶 見傳
呂中 見傳

戊申　己酉　庚戌　壬子　甲寅　乙卯

歷遷蒲州同知

張義　用善長樂教諭　遷南京國子助教

蔣珪　延用合州訓導　遷合江教諭

李伯英　王潤

李希中　瓊雷主簿

王常　正倫

魏敦　尚學和州衛教授

胡本清　昌廉西充訓導

正統丙辰			程泰 志道長安縣丞
戊午			曾俊 一傑雙流知縣
庚申			李實 致美
壬戌			雷震 聲遠太和知縣
甲子			李岩 景高
丙寅			陳哲 智明
戊辰			張佐 良輔比流知縣
景泰庚午		廖訓 見傳	楊春 時茂龍江鹽場批驗大使

壬申

鄧淵 子瀾

癸酉

蕭佐 延弼楚雄通判遷蘇州同知

張昺 延器

甲戌

黃恕 仁勉營州後屯衛經歷遷涪州判官

丙子

何璨 光甫寧訓導

天順戊寅

李斐 成章南康照磨

庚辰

蔣瑛 廷光南溪主簿

年		
壬午		何聰聞庸保寧知事
甲申		汪濟仁廣臨江訓導
成化丙戌		郭義懷忠嘉興照磨
戊子		羅恂本泉彰德教授
庚寅		李彧文盛
壬辰		鄧誠季實大足知縣
甲午		譚澄源潔
丙申		程倫明昇經歷
丁酉	王瑜前廷貴夔元教諭	

戊戌	庚子		壬寅	甲辰	乙巳		丙午	
	何玘 見傳	郭軒 見傳					叚諫 真美教諭	曾鐸
邵逵 九達	李瑛 王光萬縣訓導		陶敬 黃德壽張訓導	朱華 生庠	延贇 同梁縣丞	蕭璉 合江主簿	江俊 彥才王府教授	

弘治戊申		楊清見傳	
庚戌		曾賢希哲河南按察	
		照磨	
壬子		向文應奎思明照磨	
甲寅		魏達兼善	
丙辰		涂平用坦	
丁巳		危啓	
戊午		李實孟誠	
己未		聶誠漳州照磨	

庚申	壬戌	甲子	正德 丙寅	戊辰	庚午	壬申	癸酉	
	曾鐸見傳							
							徐鵬巨卿馬湖推官	程鴻子漸
謝禮用和	張琇文玉	蕭璆文重彰德訓導	劉中時之	程翔鵬舉	朱臣國佐富順主簿	徐爵良貴宜興縣丞		
			陳詔慶遠經歷	王容	譚大紳	楊梅	譚大綬	殷璧

甲戌	丙子			戊寅		己卯	庚辰	辛巳
	汪儼 子莊亳州知州	張本潔 叔與	曾彭 壽卿鐸子			曾嘉 亨卿鐸子		
鄧弼 良佐建始主簿	但玉 德純鄢陵訓導			王化 宦化瑜之子尋	甸府經歷		何鎬 宗周荥陽訓導	黃澄 德源
張寶	殷文翼	熊倫	郭時望	熊恩	熊惠			

嘉靖

壬午	癸未	甲申	丙戌	戊子	庚寅	辛卯	
						曾思睿甫	譚述汝賢
江山伯高	延欽寅之	汪廷鳳來儀	蕭瑜君用	蕭福希謙璉之子	孫儀象之	陶應奎文煥	

志四　　人物表　　十九

皇明

沔陽武胄

武胄
胡美 見傳
徐瓚 京衛指揮使子溥
方欽 安慶指揮僉事
陳鎮 綏德千戶
田志 龍驤

雜科	貤封	尚義
馮徽 白沙巡檢	陳普才 誥父封承恩侯	馬尚禮 正統中輸穀一千
文聰 柳州倉大使	陳友仁 誥弟封康山王	十石以賑饑賜勅旌義
查信 閿鄉縣丞	陳友直 誥弟封懷恩侯	徐述
張翼 豹韜衛經歷	陳友富 誥弟封歸仁伯	姚英
張翔 廣西巡檢	陳理 誥子封順德侯	高玉 俱天順二年輸穀四百石
汪祿 濟源主簿	邵旻 暹父封中書舍人	冠帶榮身王從襲指揮使遷都指揮僉事
陳彬 夾江所吏目	李氏 旻妻封孺人	陳勉
龔傑 少為舖長都督府首領	柴氏 暹妻封孺人	郭志通 俱輸粟二百石

人物表

左鈺 以統民兵有功給冠帶

李琳

嚴昱

晏禮 俱同上

見之辟爲掾授順天府照磨終光祿署丞

李氏 歐陽灕妻封宜人

立石旌表

蔡從周 善習洪武正韻任神木驛丞

楊氏 劉琢妻封孺人

劉遷 奉例輸銀授楚府典膳

盧均重 信祖封按察使

李點 新河縣丞

盧璧 信父封按察使

董衆芳 奉例輸銀授楚府引禮舍人

羅謙 鬱林驛丞

李氏 璧妻封淑人

呂寬 西充典史

王氏 信妻封淑人

楊桂

王源 清苑典史

張氏 信繼妻封淑人

龔廷琛

桂璿 南京羽林左衛經歷遷安寧州同知

龔潮祖 傑父封良醞署丞

危遵

汪傑 俱同上

向暘 建昌倉大使
文氏 龔潮相妻封孺人

魯淮 倉大使
劉弦 鈺父封戶部陝西司郎中

汪逭 廣東河泊
朱氏 劉弦妻封安人

諸葛旻 四川倉大使
許氏 劉鈺妻封安人

李貴 雅州稅課大使
先祖承德公 諱鈞 封戶部廣西司主事

先安人胡氏

先恭人田氏 初贈安人 加贈恭人

太恭人張氏封初安人加封太恭人

杜源瑺父封儒學經歷

單氏杜源妻封孺人

岳氏杜瑺妻封孺人

景陵房勝封奉天翊衛宣力武臣特進榮祿大夫柱國富昌伯食祿一千石子孫世襲指揮使

陳魁徐州衛經歷遷嘉定判官

向氏胡俊妻贈恭人

蕭泳

何文翰赤水衛經歷遷獨山同知

李氏俊繼妻封恭人

張允霄

閔清溫州衛知事遷德州判官

李旺慶父封南京儀制司郎中

王祖洪

李璨見傳

鄭洪寶應倉大使

楊氏李旺妻封宜人

周文秀

史興 沔陽千戶孚宣指揮使	王庸 瞿塘	何真 蘇州指揮使	陳隆 杭州	郭洪 宣府俱指揮僉事	王勇 廉州	吴原彪 山丹	黃安 鳳陽	王貴 瞿塘
程仁 二留守右衛經歷	但璋 大城縣丞	謝景端 南京營繕所正	程明 彭縣典史	李實 虹縣典史	裴永寧 酆都典史	羅明 雲陽典史	石光榮 松潘倉付使	李當
蔣氏 李慶妻贈宜人	莊氏 慶繼妻封宜人	詹仕賢 鏵父封編修	朱氏 詹仕賢妻贈孺人	向氏 鏵妻封孺人				
熊子清	徐誠	李溥	譚溥 俱成化四年輸米二百石以賑饑旌為義民		張璽	蕭瑞	譚綸 俱秊例輸粟授七品散官	

杜秉 延安
王儒 滁州
李順 山海
李榮 武城衛千戶
劉興祖 廣陵
崔剛 金州
何友旻 神武
銘德 鎮南
穆興 汝寧

張大綱
沈淮
鄭容
王晳
彭儀
江傳
田鵬
孫元 以上俱未仕

張拱
張玘
陶阜 奉例輸銀授楚府典膳
彭佑 奉例輸銀授楚府引禮

劉清 夷陵
董壽 九江
鄭文 寧夏
黎貴 南京豹韜
劉太 常德
袁文德 南京金吾
何興隆 羽林
李泰 武德
譚榮 雲南

志四 人物表

劉恕 平山

宋興乙 廣洋

王勇 廣信

黄顯清 西安

宋興紹 漢中

劉興 常德

丘秀 沔陽

陳添祐 南京神策

鄧旺 南京羽林

譚璋	高山
王興	五開
仵彥明	虎賁衛百戶

史氏曰余觀岷之江嶓之漢皆逶迤行數千里而會于沔其休風顥氣之所翕必發之人也而鍾和儲秀自子文而下代不乏賢然鴻名峻烈埀光發粹者武亦不多接也抑尚有應是而生者乎夫靈禀存乎氣清修存乎人故才以地産地以才勝君子之爲鄉邑重固不係乎其感也

爾已

贊曰澤鍾陵竟風氣逶迤峩峩雋賢發粹舒奇清勛鴻業鄉國流輝昭往啓來人文用熈

人物表

沔陽志五

提封上

稽者禹平水土嶓冢導漢過三澨至于大別岷山導江過九江洞庭至于東陵巴陵江漢朝宗于海沱潛既道雲土夢作乂周官職方氏辨九州之國正南曰荊州藪曰雲夢川曰江漢沔北曰漢南曰九江曰東陵東曰大別西曰三澨其地雲夢故澤也桑欽水經沔水東南過雲杜景陵地又東過沌陽入江夏水出江流于江陵東南又東過華容監利南又東至雲杜入沔沔東北曰雲杜

西南曰華容故又為沱潛也故沔跨江漢雲夢之間沱潛之地沮洳之區重湖巨澤曲河隑洲滂洋衍溢聯綿逆折平疇廣藪壇曼陁靡水據洪川陸擅沃埜土地延袤殆將千里宋朱昂云襟帶隨郢腹背吳楚地窪而卑水溓而豬即處僻左多荒藪不得與通都顯邑齒然以鄖陀（信陽）為捍蔽襄郢為門戶洞庭長江為隍塹訏訏乎亦足稱雄矣詩曰滔滔江漢南國之紀言紀夫南國也其東為漢陽其東南及南為江其西南

為鹽利其西為潛江其西北為京山其北為應城其東北為漢川沔東行二百七十里盡麻漢河東南行二百四十里南行二百二十有五里俱盡江西南行百二十里盡沙口西行百七十里盡南池村西北行九十里盡總口北行七十里盡南黄東北行如西南盡瀘水村廣為里八百六十袤五百四十景陵東行九十里盡城隍臺東南行九十里盡揜鎗河南行百二十里盡南黄西南行五十里盡澤口西行九十里盡小河口西北行五十里盡綠水堰北行八十里盡楊須市東北行七十里盡五龍河廣為里百七十袤百八十

晉天文志翼軫楚荊州南郡入翼十度江夏入翼十二度陳卓范蠡鬼谷先生張良諸葛亮譙

周京房張衡並云按范蠡鬼谷時沔屬南郡至陳卓時沔屬江夏郡久矣自蠡至良歷世邈遠莫究其說卓魏太史令言天官者多推之自亮至衡並號精博而卓言郡國所入躔次尤詳其曰江夏則沔在其中況夏寔自沔達江今漢口即漢江夏郡地道里迫近沔或與江夏同度也

春秋元命包軫星散為荊州史記天官書漢天文志並云翼軫荊州劉向言分域亦云楚地翼軫之分埜也魏陳卓郡國纏次自張十七度至軫十一度為鶉尾於辰在巳楚之分埜費直起張十二度蔡邕起張十三度皇甫謐帝王世紀自張十八度至軫十一度曰鶉尾之次於辰在

巴謂之大荒落於律為夷則斗建在申今楚分
楚張翼軫迺有不同夫荆楚地大析言之則為
翼為軫括言之則張翼軫也沔舊屬江夏郡據
卓言當與同度翼之分楚故志兼言翼軫失詳
攷也又春秋文耀鉤北斗分楚荆屬衡晉志一
秦二楚星經玉衡第四星主荆以五卯日候之
又云熒惑主霍揚荆交四州熒惑夏火也故主
南方晉志牛女間十六星主十二國魏西一星
曰楚宋兩朝天文志天市垣二十二星其西垣
第二星曰楚星書五車五星中央一星主楚然
則荆楚占候固
不專翼軫也

山

東皋雜録云信陽軍山路險隘迤邐至安陸又
丙驛至復州南大江並無丘陵之阻謂竟陵者

陵之竟也石首者石之首也按所云險隘即楚鄖陂之塞又漢志章山在竟陵東北即禹貢之内方其麓俱至景陵而竟自景陵至沔訖于大江綿亘四百里皆漫然平衍矣故景陵之北岡阜聯絡或多起伏沔惟瀕江數丘而已謂之亡山可也

沔南二百里曰黄蓬山其山皆起江湖間延綿環結而秀其支曰香山形似香爐故名俗曰望鄉曰石靈曰松林磯曰烏林林俗作陵與江南赤壁對即周瑜破曹操處圻曰斑

竹統三百餘阜週二十里前為江左爲葛蒲澥右為蓬湖上有古城城外有臺相傳魯肅嘗屯兵於此有靈福觀有崇鳴寺知縣深靈福觀記蓬山高低連絡岡阜隱顯若爪蔓然大小三百餘峯東曰石靈西曰香山其搆高者也南曰烏林中曰松林其次者也檢討寥作蓬山十二景蒲澥朝陽香山秋桂松林欝秀烏林夕照古城喬木蓬湖春漲雙洲鷗鷺蓮院薰風壯村煙樹南江橫練靈福晨鐘崇鳴古柏知縣深各有詩刻靈福碑陰茲不載

大隱林　小隱林故志在州南蓋楚漁父釣處也今無攷

景陵東北七十里曰五華山其山週九百丈高十有五丈其上有風城有伏羲廟其下曰臨津

門有神農廟有白龍寺有仙真觀

西六十里曰青山其山色多青上有普濟寺知縣縮詩三年兩度青山過景物依然鳥自啼路入天門隣南北禾生巾港無東西已看刀劍賣爲犢誰為弦歌笑割雞詢遍民風歸馬晚好峯如畫白雲低

青之左曰天門山舊傳曰火門唐陸羽傳晉昔火門山從鄒夫子學是也後以俗呼火更今名

北六十里曰龍穴山又曰龍尾其山狀若龍穴傍有龍穴陂

東北七十里曰巾戌山晉元熙間得古鐘七枚于此敘按水經註巾水

西遷竟陵縣北西遷楊水謂之巾口今亦有巾港巿疑古或置戍若横桑戍之類也

縣東南曰見龍山其山蜿蜒如龍環拱縣左知縣縣記山脉自東而來環於縣南縣之地下人依山以居比屋遞遭如無山然甲辰春譙樓成梯而上之山形始見乃以縣西隙地徙居人屋通之以路造其上而遊焉凡一縣之內錯錯然於日中也時父老聞之亦相率來觀且請以見龍名之易曰見龍在田利見大人謂之見龍者非徙誇形勝美遊觀也

境會石故志在鼓角樓下碑云大中祥符九年今俱廢

諸葛嶺在縣南二十里世傳孔明屯兵處

東岡在縣東七十里夾松石華嚴二湖之間陸材嘗居于此祭酒鐸世家焉鐸少有詩古樹闌頭屋數椽主人家世只殘縑住臨江漢東南會望到雲龍五百年七

澤鳶魚皆道理九州兄弟或鰥連西
周老鳳將辦近幾見梧桐日影圓

上林在縣東四
十里祭酒鐸論葬其處〔鐸記〕邑城之東東行四
十里而至有地曰蠟林舊余同庠友何汝節氏
所居也余卜地從其于志遠孫新賻得之為堪
輿之說者曰此地蹤跡所自起伏逶邐而來其
山水形氣皆翕止於是吉可壽藏公余曰余少
而學道並有志世務晚得一第為禁近官十年
及疾得請歸又十年大司寇林見素諸名　公暨
兩部臺諫諸賢皆論薦稱與過情部檄緣　詔
屢至皆莫能起應今疾與年益侵余殆亦止於
此矣夫因以止易蠟字號曰止林門外小湖舊
恒涸水以漁每漲入為洲灘翳堂局乃固築不
令如舊所為湖亦以止名凡海內知舊暨同年
咸知有所謂止林者鄉里差少
共以老稱故又號止林老人云

珍珠坡在縣西十里北
中有珠相傳有販珠者覆舟于此頗
著靈異鄉人祀之坡側一名覆船岡

川

左傳江漢沮漳楚之望也史記竟陵澤楚之材也相如賦子虛稱楚有七澤雲夢其一則沔之陂澤聞古今久矣其中湖河或匯爲漭瀁或析爲潢洿支流餘泒聯綿灌注大者或無數十謂之子湖名號瑣猥不可勝紀今稍列其彰顯者著之于篇

沔南二百里曰大江其源出岷山（地志在蜀郡湔氐道西徼外今成都茂州也）東別爲沱又東至于澧（澧水名今澧州江至此凡）

受水二十詳見水經過九江今洞庭凡受水九故名九江詳見書傳至于東陵今巴陵逕白螺山南在監利又逕上烏林南即烏林見水經東過茅埠口又東過竹林灣口巷又東過新灘水洪二口又東北過沌口沌水入焉水經註沌水逕沔陽之太白湖湖東南通江日沌口又東過漢口與漢水合知州瀌茅埠歌

天上三江接六溪碧紋不動月輪低水仙吸露黄花畔鮫女尋珠竹樹西其二刺史南巡茅埠頭黄鬢津吏下迎舟鳴金過鼓緣何事如此荒村可耐愁其三江上逢秋秋可憐西風暮起浪連天楓葉如吟采蓮曲荷花偏隱捕魚船其四白螺湖邊蘆荻秋黄蓬山下酒如油若無月色終辭酌為有秋光始縱遊

西北曰襄河漢之潛也爾雅漢別出為潛漢水自安陸東播為蘆洑河入于潛江東南至于上新口逕鯿魚套逕白汊口達于三江口又自上新播于下新口逕伯口復自柳口折于三江口合流趨于白湖又自柳口東播于蔓蒿汀至直步夏水從西來注之逕螺子潰逕渣潭東北趨太陽入于襄河又自渣潭東南逕小陽逕張家池逕壩港入陽名湖俱匯于白湖出沌口入江漢水又自蘆洑播于排沙逕深江逕剅河逕范瀝關逕

粟林逕麻港逕南灣至黄荆口入下帳湖東匯于白湖又自范溉南播于劉家渡入于三江口又自粟林口播于蔣家灣逕蓮臺趨大湖口合黄荆口水

漕河自柳口環城西北達于三江口方輿勝覽宋紹興元年省劉江陵府漕河晉建武初所鑿自羅堰口出大漕河由里社穴沌口沔水口直通漢江張孝芳記端拱元年開文遜奏開東漕渠自師子口入于漢達于襄陽遂發丁夫治荆南漕河至漢可勝二百石舟上游之人利焉叙按故志潛江有里社穴景陵有師子河俱通漢漕河之名當以此也又晉武初杜預開揚口通零桂之漕起夏水達巴陵則沔之有漕河自預始也

南四十里曰長夏河即夏水江之沱也爾雅江出爲沱夏水自監利入東爲太馬長川過沙口又東北過柴林河至直步與漢水合水經夏水出江流于江陵東南又東過華容南又東至雲杜入沔監利古華容也禹貢蔡傳夏水首出于江尾入于沔亦謂之沱通典復州沔陽有夏水輿地廣記夏水入沔謂之睹口冬竭夏流故曰夏水漢志江夏郡註謂夏水過郡入江也即今漢口然夏水至直步即合漢水不當逕流至漢口入江若云夏流則盛夏江漲亦可漫衍而上也睹口今亦失其處豈漢蜀易淤遂致湮塞耶又按楚辭過夏首而西浮夏之首也左傳吳戍楚至于夏汭沈尹射奔命于夏汭遠射以繁揚之師會夏汭夏之尾也漢以前多言夏言漢其後多言沔漢沔夏一水異名故漢口亦曰夏口又曰沔口

南百八十里曰復車河亦沱也江自茅埠灌蓬湖湖東為河逕牛埠逕三灣逕平放東出新灘口又自三灣逕斗湖至陽名匯于白湖出沌口入江

東二百五十里曰太白湖（水經註沌水通沔陽之太白湖漢陽志李太白嘗遊于此因名）一曰九真白湖一曰土豬其湖潛自西北注之西湖李老泗港沙湖諸水匯焉沱自南注之直步黃蓬陽名諸水匯焉沔之巨壑也週三百餘里達于沌口入江（故屬沔今半屬漢陽知州瀟詩楚嶽）

青舟無盡南遊興不孤霧涵七澤水天接九真湖飛檠搖叢竹停舟舞雁鳧自憐簪紱絆花浦羨漁夫

二百四十里曰沙湖其湖連太白都御史盧陵王槩詩路入沙湖景漸幽日斜風定雨初收白雲藏綠山間寺碧樹圍紅驛外樓波影平鋪千里月水光倒浸一天秋荆湘佳景良難得此處經過足勝遊尚書左綿金獻民詩蕭蕭行李過沙湖五月將臨四月徂兩岸蘆花民舍靜半帆煙雨客懷孤旋烹新茗消昏暑自買河魚著午厨笑我不如湖海士檣聲驚起水中鳧知州瀟詩襟雲帶夢古沙湖海客紛紛聚一區船裏錦鞯聯翡翠枕頭金鎖繫珊瑚其二漁豎當年起在茲檗壇開府樹黃旗天戈直擣鯨鯢窟河水今為漁舞池其三沙湖問俗暫停槎只見平湖不見沙誰道湖村風俗好如花少女賣魚蝦其四湖上人家

風色清蒲衣茭筏可憐生禾蓮
慣識溪邊路晒網頻驚樹上鶯
百七十里曰陽名湖其湖受復車河張家池逕
崇陽潭入蘆花瀆匯白湖
二百六十里曰短汀湖其湖受張家壩港接魯
陽潭逕麻汀入白湖
一百四十里曰陽孟池有湖曰郝盤泛曰五老
紹興池曰浹液達于白湖
十有五里曰白鷺湖二十里曰鼉湖荆州記沔陽有鼉湖
城東曰蓮花池其池南北相麗中為橋為通衢

多蓮開之日香悉第可玩亦郡之佳勝也都指揮王
閏卿北池之濱為兩松山閣故址尚存
南百八十里曰黃蓬湖其湖納岑埠口許家池
連大舍白螺上洪湖俱蓮子潭趨復車達新灘入
江亦入白湖江溢則滓洄入漢知州濂詩誰植垂楊鎖釣磯湖
分小巷抱柴扉雪深漁艇依村泊天暝鸕鷀逐伴飛湖水自通雲夢澤楚人合着芰荷衣輞川
幽絕真難勝況復東潭白鱖肥
二百里曰千金白螺湖在監利白螺山下曰塘陵大舍
湖

二百里曰烏流曰龍巢曰雲泛三湖俱達于白
湖
百四十里曰張家池有湖曰塘林深水潭曰浮
溝逕橫汊古村壩溝俱河入陽名
百五十里曰西湖其湖受燕子河穿柳林合西
洋湖入洪湖逕大洪口走黃蓬西之傍曰鄭道
白涉壩潭三湖俱達于洪
百三十里曰司馬小陽湖其湖合牛頭湖烏林
溝斗口湖逕張家入陽名

七十里曰直步湖其湖受柳口太馬河逕明魚口螺子瀆逕渣潭李二河入陽名

東南二百八十里曰下五湖九十有五里曰西港鮀公土橋淖潭沉槎淵潭諸湖俱入陽名

西五里曰百石湖其湖中為長隄為驛道亘十餘里舊植柳人馬往來其上亦一景也知州順詩百石

湖邊萬丈隄雙溝流水出前溪嘉禾翠色連畦秀垂柳濃陰匝岸齊客路入雲行處遠郵亭和雨望中迷勸農幾度春風裡滿地花香襯馬蹄學正顧詩驛道接長隄遥通古郡西嘉禾盈綠野垂柳拂清溪使客乘驄過行人聽鳥啼春深初雨霽紫燕拾香泥

十里曰三陽湖方輿勝覽東曰東陽西曰西陽北曰北陽故名西南五十里曰角兒湖其湖連柘柴湖逕荻根儲龍二潭段下港達柳口四十里曰官港湖又五里曰賽港湖東北百三十里曰馬骨泛有湖曰李老南灣沙灣雞頭圓昌三墩灣曰楊林神臺茅臺清水口曰黃荊北入漢東入白湖以上多淤為田四十里曰莫石湖其湖磬折泗港有三十里曰上二十里曰中四十里曰下

皆湖也俱入于河
西北曰上下西湖其湖北受亘河南出月湖口
入于漢
北曰復池湖復州名取此曰白鼉湖
北有澧馬白雲葫蘆青山風波蒿臺上下帳諸
湖皆景陵地然特隸于沔故復繫之
百五十里曰澧馬潭在縣南三十里有陡湖荷湖雙湖
石泉爛泥三角龍蒙諸湖陳老濠柏家灣老鸛
塌其水皆達于漢以上多淤為田

百三十里曰白雲三汊（在縣東南八十里）有泛曰百步
曰蘇家湖曰白河曰拖鎗入于漢
百二十里曰葫蘆三灣（在縣西南五十里）有湖曰白泛
花臺羅基臺高基臺堰曰洪積淵曰桐樹滜曰漁泛
港曰月入于漢
七十里曰下帳湖（在縣東南百里）其湖有范老反灣有
長洲官洲團洲受黄荆口破江蓮臺東合張池
口邈白湖
六十里曰上帳湖（在縣南七十里）其湖有紅花魚腦牛

頭黃沙楊庄自麻洋潭逕破江潭灣入下帳百六十里曰青山湖在縣西二十五里其湖近青山百九十里曰風波湖在縣東北十里其湖有安定黃林納楊家河達楊林口入漢百四十里曰萬臺湖在縣東七十里其湖達回河口入漢

史氏曰余觀沔之湖大者數百里小者不啻數十里其諸湾潦不與焉長波巨浸瀰瀰相望何其夥也然其北多在景陵李老

為大其西多屬監利西湖為大其南黃蓬為大其東太白為大諸湖皆逶迤入太白故沔衆水之匯也太白沔水之匯也故沔之水豬于太白洩于沌口地之勢然也不然沔其魚乎

雲夢澤史記雲夢註裴駰云孫叔敖激沮水作此澤張揖云楚藪也在南郡華容縣郭璞云安陸有雲夢城枝江亦有之華容又有巴丘湖俗云即古雲夢澤也張云在華容者指此也安陸又有雲夢縣其名皆遠取此澤也唐安審暉敗唐兵於雲夢澤中史炤曰雲夢二澤名胡三省辯誤禹貢雲夢孔安國註在江南左傳楚王以鄭伯田江南之夢杜預註雲夢跨江南

北漢志雲夢澤在華容南視穆曰邳夫人棄子文于夢中言夢而不言雲楚子避吳入雲中言雲而不言夢則知二澤也漢陽志亦云雲在江之北夢在江之南此皆以二澤為說也蓋古之雲夢澤甚廣後世悉為邑居聚落故地之以此得名者非一處也敘按故志景陵亦有雲夢城子文所棄與楚子所入處皆在江北正沔地也

東五十里曰滄浪水故志禹貢漾東流為漢又東為滄浪之水即歷原逢漁父處劉澄之山水記云在沔口敘按水經註武當縣北四十里漢水中有洲曰滄浪洲水曰滄浪水即今均州地沔有此水雖非其故處然亦滄浪之下流豈後人槩稱之若漢沔夏之互名耶又按說郛滄浪地名非水名蘇子美卜居吳下前有積水即吳王僚所開池作亭其上名之滄浪似以為洄瀰之狀失之矣沔之滄浪亦地名也

潘子安詩

滄浪濯纓仍濯足我來踏逢

惟濯心高歌孺子不可作遠放靈均何處尋斷岸早霜千樹錦孤村落月數家砧中州未必無芳杜誰采幽香慰苦吟

北二里曰白沙水故志出京山白沙山下流經沔王沙縣名取此敘按安陸志引唐地里志郢州富水有白沙山自沙水所出而水經言江水東得白沙口謂此水入江處也今京山在漢江北白沙水入漢當共趨漢口入江不當截流經沔五代梁分漢江南為白沙徵科院宋陞為王沙縣其地在沔西南水經白沙口當亦不遠沔或別有此水而縣名亦非遠取京山之水名也

七里沔故志周地圖云夏水合諸水同入漢自漢入潛名七里沔州名盖取諸此方輿勝覽紀在復州江漢夏三水所匯之處是也或曰景陵有七里泛即七里沔俱未知何據

滌塵井在玄妙觀一曰濯纓

湧玉泉在城北相傳古有泉流出漕河沙白如銀隨流湧出故名敘疑即白沙水也

尉斗陂故志寰宇記滄浪之水其側又有尉斗陂敘按宋吳獵傳獵知江陵於赤湖城西南過尉斗陂水以限戎馬則此陂又在江陵也

沱水故志不載敘按玉海引范成大曰自石首縣舟行百四十里入魯家洑自魯家洑入沱沱者江傍支流如海之沖其港僅過運河兩岸皆蘆荻支港皆通小湖魯家洑即今監利魯洑江也東流為太馬河即長夏水至沔逕直步比接漢水東流至太陽入于漢東匯于白湖又東流出沱口入江故沱口有古沱陽縣水經註沱水上承沔陽之太白湖東南流為沱水蓋沱之下流也由是言之沱水正逕沔地其曰僅過運河又足為漕河之一證也

提封上

提封下　沔陽志六

景陵南五十里曰漢江一曰襄河大其源出嶓冢山地志在隴西郡氐道縣今漢中沔縣也曰漾水南合沔水其源出狼谷中水經在武都郡沮縣東今漢中畧陽縣也東流為漢水水經漾水至武都沮縣為漢水沔水逕沮水戍東南流注漢曰沮口常璩口漢水有兩源漾出嶓冢東源也沔出嶓冢會泉西源也逕葭萌入漢酈道元謂東西兩川俱出嶓冢而同為漢水是也又東為滄浪之水酈道元云武當縣北四十里漢水中有洲曰滄浪洲水曰滄浪水武當今均州也襄陽志漢水囙地而名曰漾曰沔曰漢曰滄浪蓋總名為漢別言之則有四耳漢水自安陸東逕漁泛洚逕葫蘆三灣東播

爲小河牛蹄獅子三汊諸口漢水又東播爲馬腸河漢水又東播爲清水汀河漢水又東得横鱗口漢水又東播爲陶溪潭河漢水又東得便河口漢水又東播爲新衝河漢水又東逕乾鎮東流出漢口入江

[知州濂襄河櫂歌]襄河兩岸石楠花絳萼青梢照客槎春風吹槳郎休駐野艷令人忘却家[其二]百丈牽舟過淺灘鳴鑼齊力奮霜湍夜寒莫宿清水港月明直到范家灘[其三]宜城桑落碧香醪郎過宜城莫繫舡最怕春風蕩心處當壚調琵琶楚名娼[其四]儂家阿姊笑儂孤無柰郎船楚又吳安得化爲船後柁隨郎南北別愁無[其五]襄川斜繞石城流郢上磷砌白雪樓郎船若過聊停棹爲問當年盧莫愁[其六]竹絙聯筏下三巴郎到

三巴早念家庭前桃樹郎親種郎去誰看二月花[其七]襄河七十二重灘灘淺洲高掀柁難昨夜雨添三尺水順風飛舸下江干[其八]石灘沙岸古襄河郎在襄河歲月多今早郎書荊北至昨宵妾夢漢江過[其九]河夜揚舲秋月明襄兒齊唱櫂歌聲斗轉參横猶進槳隔河燈火是樊城[其十]雙雙鸂鶒鬭晴川對對鴛鴦戲白蓮如何郎去儂無偶惱殺春風夜不眠

漢南曰漁泛獅子馬腸清水諸河皆潛也其河俱會于破江逕潭灣接張池口合下帳湖東南注于白湖

陶溪潭河其河北出盧家埠東出羊角河入漢

新衝河其河折旋十餘里復入于漢

漢北曰牛蹄河其河逕三汊口出橫鱗口入于
漢
城南河亦潛也其河西自南河口南自黑流渡
入石家河從北來注之東過縣逕楊林口又東
逕便河口又東逕板港又東趨風門入于漢又
自楊林播為河逕風波湖口又東逕沅湖口至
回河口阜角水從西北來注之合流趨風門入
漢
義河即城南河東距紅花港西距捷河口長五

里世傳宋太祖微時嘗渡此遺舟人八錢不受後特蠲魚課賜今名近知縣綰記義河如義田義庄之類其事或始於宋後漁人託宋祖事以冀蠲課耳乃議復之又立石為之界使與貧民共焉敘按綰意固善矣宋史王彥超傳太祖曰卿曩在復州朕往依卿則宋祖固嘗涉此也特辭錢蠲課之事無所考耳

南三十里曰便河縣去漢江遠元知府白景亮開此河民便之因名時掘土得石有白公溝三字人咸異焉

便河之右曰留駕河故志蜀先主嘗至此故名敘按三國志先主敗于長坂斜趨漢津與關羽船會得濟沔當留駕于此也

西北三十里曰石家河

又西曰馬溪河二河俱出京山
三河之南合流曰巾港河其河南流于三汊口
東流逕縣至風門入于漢
東北四十里曰柳家河其河北逕石堰口南入
風波湖
七十里曰回河一曰會河其河自安陸直河東
流逕阜角市南會楊林板港水入于漢
五里曰車湘港
東二十里曰板港

北七十里曰石堰渠唐咸通中刺史董元素開故志作石渠堰誤其流自五華山西通巾水城東曰東湖湖廣袤三里中有洲上有東禪寺前為橋曰圓通覆以亭又前為隄造焉殿閣隱起水竹縈紆望之最邑勝處也西曰西湖廣次東湖中有洲曰覆釜即陸羽所居上有西禪寺寺即廢其勝亦不下東湖也南曰南湖中界壇壝及民居雖析為二然均稱南湖焉

三澨水 故志在縣南三十里叙按禹貢蔡傳澨水名今郢州長壽縣磨石山發源東南流者名澨水至復州景陵縣界來又名汊水即三澨之一也長壽今安陸州其水逕景陵者有石家馬溪巾港柳家皁角諸河俱出風門入漢未知孰爲澨水京山志有澨水在縣西七十里不言逕景陵今中港河南流出縣河者名三汊口則石家當即澨水縣河當即汊水東流至風門入漢故東有汊川廢縣縣瀕漢而言汊者汊水所過也亦猶夏水入漢不言漢而言江夏也況三汊口正在縣西南三十里則故志與蔡傳所指即此水而三澨之一明矣

汊水 縣河西自南河口入南自黑流渡入北自石家河口入故名三汊口即古汊水也又乾鎮亦有三汊水

中水

揚水 水經註龍陂水逕郢城東北流謂之揚水北逕竟陵縣西又北注于沔口

揚口中夏口也又中水西逕竟陵縣北西逕揚水謂之中口水西有古竟陵大城古鄖國也二水故志俱不載而楊水尤無考然石堰渠西通巾水今石堰口通石家則石家即巾水不待與馬溪合流之後方名巾港也且馬溪正在石家之西當即楊水而合流之處當即所謂巾水者故今巾港西有故城即古竟陵大城況故志巾港湯港二市俱在西北三十里蓋巾楊二水交會之地頗與水經合而湯或楊字之誤也

臼水　左傳楚子奔隨涉於成臼杜預註在竟陵縣西　京山志有臼河安陸亦有舊口驛蓋鄖本竟陵地也

西江水　故志引陸羽六羨歌千羨萬羨西江水曾向竟陵城下來謂在縣境乃襄江之一派敘按故志羽在上饒聞所育僧卒賦此詩其詩意此水當不在竟陵也作志者溺於羽詩

求之不得其處乃謂為襄江之一派失其實矣存之以俟考

文學泉 在縣署西北一名陸子井昔陸羽得泉以試茶故名唐裴迪詩竟陵文學泉蹤跡尚虛無不獨支公住曾經陸羽居草堂荒産蛤茶井冷生魚一汲清泠飲高風味有餘米王禹偁詩甃石封苔百尺深食茶滋味少知音消消泉底中宵月留得先生一片心

玉真泉 在玉真觀

萬人井 在荊南門東二十步口徑七尺五寸可飲萬人

覆釜洲 在西湖以形似名陸羽隱居之地

甘魚陂 左傳楚公子比次于魚陂杜預註竟陵縣城西北有甘魚陂水經註在竟陵城傍玉海曰戰國多以水攻故楚守甘魚之口

灌溉堰在縣東南四十里

故蹟

復州城故志在州北二里唐置宋端平初仍徙于此叙按端平初復州徙治沔陽鎮即今州城國初循故址築仍餘東北之半今名七里城有門曰漢廣又西魏置建興縣後周於此置復州則是城非特唐置也唐錢起登復州南樓詩孤樹延春日他山卷曙霞客心湖上鴈歸思日邊花行李迷方久歸期涉歲賒故人雲路隔何處寄瑤華潘子安故城謠陰風生紙錢空擲墳前樹墳上荊榛穴孤兎燒場未冷煙未消棄骨如銀滿行路金樽酒盡且須賒莫遣愁霜着鬓華鶴歸華表空明月燕入烏衣又落花神仙狡獪矜長壽安期彭祖今何有何倚嬴政訪蓬萊採藥未還聞鮑臭請君試聽故城謠峻宇雕牆徒爾勞

江北城在江北其城東西北尚存惟南瀕河獨無或水齧之也相傳為玉沙縣治叙按

宋太祖乾德三年置玉沙縣仁宗寶元二年始廢沔陽縣不應二縣並置一處今監利東六十里有廢縣去沔道里亦稱是當爲宋玉沙故治蓋玉沙在沔陽監利之間故熙寧廢玉沙屬監利故志但云古縣亦未考也元改沔陽府以玉沙附郭蓋於是時始徙治江北耳

却月城故志在江口黄蓬山有城相傳爲却月城叙按水經註魯山左即沔水口沔左有却月城沙羡縣治也黄祖所守郡縣志却月城在漢陽縣北三里則此城不在沔矣

石樓城故志在舊州治西一十五里叙按三陽湖側有故小城其道里頗同或即此地

魚腹城故志在州東十里二東五十里**青林城**故志在州東十里二城俱無考魚腹蜀縣名亦非沔地也

廢沔陽縣故志引郡國志楚王城元和志雲杜縣地圖經宋至道三年省沔陽縣爲

鎮併其地入玉沙敘按宋李端平三年復州景陵并徙治沔陽鎮元興因以為府自至道至今河陽縣廢五百餘年所謂廢縣即今城故志據圖經而言耳

風城 在縣五華山故志古風氏之國相傳伏羲之後封于此故有伏羲廟敘按左傳任宿須句顓臾風姓也實司大皥與有濟之祀杜預註四國伏羲後故主其祀封近於濟皆魯之附庸也則今風城非伏羲後矣故胡明仲記不及此蓋亦疑之也

古竟陵城 在巾港河西三里水經注巾水西古竟陵大城古鄖國也故志不載人鮮知者敘延訪得之其方隅道里皆與諸書合蓋古竟陵縣治其城自隋已廢殆千餘年故多崩圮唐張祐夕次竟陵詩南風吹五兩日暮竟陵城腸斷巴江月夜彈何處聲又梅花今正發失語復何知舊國雲山在新年風景餘春饒漢江夢日寄武陵書可即明時老臨川莫羨魚

雲杜城即今縣治古城叙按漢晉皆有雲杜至隋獨無蓋省入竟陵遂移治于此耳梁於此置沔陽郡

雲夢城故志在縣西即古雲夢澤叙按郭璞云安陸枝江皆有雲夢城不言景陵有也疑即古竟陵城

笑城在縣東北六十里故志宋將畢再遇與金兵對壘夜遁惟縶羊擊鼓金兵覺欲追不及為之大笑故名叙按再遇傳誠有此事然再遇為京東招討故其兵戰功皆在淮泗齊魯不在景陵也况唐庚日休已有笑城暮雨詩不應唐人能用宋事今邑人多呼霄城泛蓋本漢晉霄城縣治耳

直陽市城在縣東九十里相傳以為縣舊城有城隍廟故今又名城隍臺世代無考

魯公城在上白湖村本土臺名之曰城相傳魯肅屯兵于此

坊廂五東北隅一坊東南隅二坊上廂下廂俱附郭

村三十有八漕河北三里石板西五里窰頭東北十里石湖北四十五里雲潭北三十五里仵樂東北五十里西范東北七十里到河北六十里漴江北九十里南池西北七十里鐵櫃北五十里下渣東一百二十里瀘水北一百二十里泗江東一百二十里荊江東五十里黃荊東北八十里漢廣東五里江北東北三里達路東南五十里滄浪東五十里樓陽東六十里馬宗東十里渣潭東北三十五里直步東南五十里仁和東南三十里長夏南四十里小林南二百八

十里沙口南六十里上平放南四十里下平放南一百三十里黄蓬

西南一百五十里後澤西南一百五十里林灣西南一百五十里茅埠

西南一百五十里北疋南一百二十里旱潭東北九十里西湖西南一百

五十里新增北六十里

景陵坊廂二坊一縣城內廂一縣城外

村六里二十有三上白湖西北領里四馬溪巾港青山洲上下

白湖西南領里四水和永豐泰寧安和雲潭東北領里四東林諸流蕭城仁和

官城東領里五興仁仁和三才白雲仁平方樂南領里四永平安平泰平和平南

黄南領里三泗江泗子崇進

關四荊江口東南一里襄江口東北一里范濼北四十里候埠東六十里

市十有九范濼北四十里沙湖東一百二十里接陽東六十里黃蓬西南一百五十里南黃北九十里沙口南六十里採桑西三十里

景陵皁角東北七十里知縣緒記景陵市有五曰乾灘石家柳家楊須惟皂角爲盛

乾灘地濱襄河土下人稀東來八十里方抵縣治縣治西去四十里爲石家與京山東南接壤居民彷彿乾灘自石家東向而北柳家在其轉屈間約一舍許北之石家稍臨柳家東四十里爲楊須生理鮮少尤下於柳家皂角則扼楊須柳家之衝有水一道自東南流入襄河逶邐達于大江通商賈舟南稍下東西北三面曠然而平南仰縣治北連應城東跨漢川西控京山如

德安孝感雲夢中高不與河通者亦有載馬服胥此以貿遷有無　雲潭北三十里　湯港西北三十里　巾港西北三十里　馬溪西北三十里　直陽東九十里　柳家東北四十里　楊須北六十里　乾灘東八十里　石家西北三十里　漁泛西南六十里　小堤南三十五里

鎮三

沙鎮在沙湖　茅鎮在茅埠　景陵長汀東南六十里

渡二十有九

三江口西三里　油榨浲東五里　江北北一里　劉家西十里　南門　北門　漕河西北三里　拖船西九十里　上江西三里　窐頭浲西北十五里　剅河西北六十里　南黃西北九十里　景陵義河南一里　板港東二十里　官城東一十里　古

角西青山湖口五十五里　黑流西九十里　瀠陂南三十里　車湘南三十里

獅子南五十里　十里堤南一十里　芙蓉南八十里　阜角南十十里　柳

冢北四十里　石冢西北三十里　阜角市東北七十里　縣北小即小

十八里　縣北大即大十八里　漁泛西南五十里

塚墓

八十塚縣東北七十里乃古疑冢也　金雞塚縣西十里髙十餘丈相傳嘗有金雞鬬其上黄巢欲發之蛇蝎蜂蠆群起不可近遂止　虞布政信墓在江北　歐陽郎中謙墓在中萬嶺　邵郎中暹墓在漢廣門内

陳知府勳墓在江北　劉知府鈺墓在浮圖院　先中憲墓在漢廣門外三里　吳副使欽墓在岳廟　李運使慶墓在縣諸葛

嶺魯祭酒鐸墓在縣止林諭葬

風俗漢書楚有江漢川澤山林之饒江南地廣或火耕水耨民食魚稻以漁獵山伐爲業果蓏蠃蛤食物常足故呰窳媮生而亡積聚飲食還給不憂凍餓亦亡千金之家信巫鬼重淫祀晉書荊強也亦曰警也　隋書荊州風俗頗同揚州其人率多勁悍決烈蓋亦天性然也南郡夷陵竟陵沔陽襄陽安陸諸郡多雜蠻左其與夏人雜居者則與諸華不別其僻處山谷者頗

與巴渝同俗自晉氏南遷之後南郡襄陽皆為重鎮四方湊會故益多衣冠之緒稍尚禮義經籍焉江夏竟陵安陸各置名州為藩鎮重寄人物乃與諸郡不同　圖經人性淳和　丁謂詩人淳訟簡　名賢文集人自温良化作蠶桑之俗　復州廳壁記民足魚蠒之饒　圖冊務實朴厚　陸羽自傳風俗之美無出吾國　故志以漁罟耕耨為業而少積聚　又云耕尚鹵莽雖廣種而薄收婚略禮文每多贅而少娶疾患

則斂貲相䘏死喪則歌鼓雜哀　景陵故志編氓二十五里佃民強半流徙至相倍徙聚而為爭鬬為橫逆為蹻詐訟獄溷亂清濁良善寡弱受害無等

謠俗往籍備矣余所聞長老國初民蹈踳奉法度其後吏或逋蕩亡風軌江左右縣商賈遝遝朋呼黨聚雜編戶與處而奪之業稍庬雜弗齊矣然民率椎質言溪文或片辭至呵呼不能下訟則俛首服吏余佣翔勁也豈不然哉地素曠多

楛耕婦女雜作歲少穰即營營治產業歉或妻子不相聊然稍淫未憚遠商寧餓死溝瀆不爲盜歲隙即縱馬牛野中比服役始收之婚不論財士大夫必親迎喪多用家禮士皆醇謹有文斯亦他郡之無也景陵尤激卬負氣好稼穡務畜聚其士姁姁愛禮民喜健訟率爲侈靡相高大都沔陽簡景陵侈沔陽樸景陵飾沔陽愿景陵亢歸於近厚爾孔子謂魯一變至於道齊也魯而已有政教者慎導化之不難變也唐陂曰休送從

弟歸復州詩羨爾優游正少年竟陵烟月似吳天車螯近岸無妨取舴艋隨風不費牽處處路傍千頃稻家家門外一渠蓮殷勤莫笑襄陽住為愛南塘縮項鯿元傅與礪送安伯寧知沔陽詩水郭春為市沙村夜種田雞栖桑雨外魚網荻風前山獻荊人璞江通郢客船使幡當竹過賓竿隔花傳知州瀟紀俗詩蟹郭瀟湘曲風流自昔稱家家住水閣日日下漁罾雲濕常垂雨湖寒未見冰風微鷗戲藻沙靜鷺啣菱翎羽充王貢魚蝦入歲徵蓮舠秋競泛竹檻晚堪凭陸羽風如在靈均恨不勝漢唐兵豈到吳楚勢相乘地僻逢迎少江清賞宴仍羔羊懷漢詠琴瑟對漁燈放柁初猶怯垂綸近亦能跡任吻守牧高興益崚嶒

沔陽八景

五峯山色學正盧滋詩五峯如筍立亭亭黛色參天列畫屏最是相看人不厭

歲寒不改舊時青

三澨波光【滋詩】古復相傳澨水名泠泠泠盡月華明從敎滚滚波濤起不逐同流只自清

滄浪漁唱【滋詩】湯湯漢水接滄浪欸乃歌聲送夕陽濯足濯纓皆自取恨無際子共徜徉

柳口樵歌【滋詩】一自山中爛斧柯歸來行唱太平歌暮年擬結漁樵社白髮蕭蕭柰老何

丙穴釣秋【滋詩】兩岸蘆花飛鶴毛一鈎香餌釣秋濤于今且袖經綸手擬向滄浪掣六鰲

敘按杜詩趙註丙地名在漢中沔陽縣北有魚穴二常以二八月取之鄭善良云卭州大邑縣有嘉魚穴萬州梁山縣柏枝山有丙穴興州順政縣丙水出丙穴穴口闊五六尺出嘉魚然則蜀多丙穴也方輿云達州明通縣井峽其穴凡十皆產嘉魚今沔有丙穴蓋亦誤也

荆樓翫月〔滋詩〕醉倚荆江江上樓月華冷浸一天秋憑高欲折蟾宮桂秪恐嫦娥笑白頭

東沼紅蓮〔滋詩〕湖水平橋近古城紅蓮花好鏡中明亭亭不受汙泥染花與濂溪心共清

西城古栢〔滋詩〕屹立城西百尺長四時不改色蒼蒼東風桃李皆零落爭似堅

姿獨

傲霜

後又有八景名多不雅故不録

景陵十景

道院迎仙[唐皮日休詩]百尺丹臺倚翠華洞門迢遞隔烟霞雨中白鹿眠芳草

松下青牛卧落花函谷月明浮紫氣瑶池水暖伏丹砂拋書亦欲尋真去安得相從一飯麻

書堂出相[日休詩]棲遲泮水醉詩書自是明時未相儒板築久淹商傅說壚沽

猶滯漢相如葛巾藜杖雙蓬鬢明月清風一草廬他日得君行志學賛襄仁德繞唐虞

鳳竹晴煙[日休詩]半畝湘筠幾萬竿青陰匝地晝生寒煙籠翠葆凝棲鳳露浥

青芬欲舞鸞勁節受霜心不改新稍搖日淚初乾風流未許王猷擅漠漠猶宜雨後看

龍池春漲　日休詩　龍池潑綠浩無邊一氣渾融大極先勢撼乾坤聲動地光浮日月氣吞天驚濤赤鯉頻翻藻出縣玄龜欲上蓮翹首禹門春浪暖擬隨魚化出重淵

夢野秋蟾　日休詩　地軸長淮月湧金九天寒氣襲人襟銀河耿耿秋空闊玉海沉沉波浪深華表卧雲歸鶴散碧叢溥露候虫吟神農一去無消息寂寞湖山自古今

天門夕照　日休詩　落霞如綺絢晴空生看天門欲下春十里孤峯層漢碧數村殘照半江紅荒城市暝人歸牧遠浦沙明水宿鴉回首長安何處是嵳峩宮闕五雲中

三筵魚歌　日休詩　長歌欸乃發中流短棹輕舟任去留落日烟波三汊晚蒹葭風露五湖秋尊盈綠醑酣初潑鱠切銀絲綱作收明月遨遊滄海闊敲舷又擬下金鈎

五華樵唱　日休詩　一聲樵唱落雲間伐木丁丁響萬山松逕有風時洶湧石潭

無雨晝潺湲負薪每下牛羊隊荷擔曾經虎豹關欲把詩書拋却後五華仙境任躋攀

梵刹晨鐘［日休詩］月落鐘聲出上方水光山色曉蒼蒼驚回客枕還家夢喚起僧焚禮佛香鳥散殘星飛碧落雞鳴旭日麗扶桑春風二月長安道馬首經行兩鬢霜

笑城暮雨［日休詩］草樹連雲雉堞平瀟瀟風雨暗荒城流歸澗壑應無色響入松杉覺有聲旅邸愁人寧復夢書堂倦客若爲情芭蕉滴瀝傷心處俯仰空懷一笑名

史氏曰天下名郡縣必有廻峯複嶂爭奇角勝而沔獨以湖澤闤川原聯絡不啻峰嶂之迴複也然上隙而曠故民怠地卑而潦故民瘠夫富者貧之誨也利者害之賈也民頻歉則多思思

則勤勤則儉儉則質治之道也故與其怠也寧瘠

贊曰襟雲帶夢貧漢抱江洪川沃埜幅隕旣長土曠潦頻多瘠少穰毖患思義以登淳龐

提封下

沔陽志七

創設

沔陽城國初乙巳指揮沈友仁循故址築正德戊寅知州濂葺之周千一百有六丈厚丈二尺高倍之門五東曰仁風（舊曰大東）南曰南紀（舊曰荆南）西曰長夏（舊曰栢樹）北曰建興（舊曰大北）曰楚望（舊曰小北俱叙更名）城東倚蓮花二池西南北皆倚河朱昂云環城皆水因河為濠形若螃蟹是也（按沔陽在漢晉並為雲杜縣地郡縣志沔陽縣即楚王城今故志有廢沔陽縣當即今所也梁置沔陽郡故志即雲杜城或不在今所西魏置建興縣周復州治于此即今治也則城亦當創於是時矣）

［祭酒鐸記］沔故有衛

與州治同城城不知起何時由今自沔而觀寔不可以一日無城也城之盛民猶舟焉舟任萬斛而釁及分寸則不得為舟同濟者共命殆矣然則有城不繕治又尚得為城哉剏一日不可無城之地而亦使其城不得為城不待智者視猶殆舟矣沔閭江漢以為州江實受湘江湘以上為荊岳為巴蜀為辰沅長沙衡永漢以上為安陸為襄鄖為南鄧漢中由沔而下則漢陽武黃九江諸郡不勝計也是故海內之人水陸交集寇賊姦宄恒發平時若屬有潢池之孽遠相根蔓則喉襟重輕實茲焉是繫故曰不可一日無城也正德丙子祥符李川甫以奉訓大夫來守沔未三月屬江漢合漲没城趾二尺風雨彌月勦為崩齧患大夫憂之列柵以守重民飢未遑治也明年水復大至城壞四百丈大夫曰民連飢難賜租與賑未甦也城今大壞完之則民方病不完是以殆舟共濟如之何則可出而謀之寮友寮友曰財力在民今其若民何謀之衛

使衛使使曰吾士之病久矣大夫入而復使自謀焉既而得之曰患吾城者水也吾誰謀其反謀之水乎乃移書諸當路曰沔多陂澤水時傷農陂澤滋利矣請以征魚之羨為城費許焉時都御史吳公獻臣奏命以便宜行荒政至聞之曰猶之為民也助其費幾三之一於是白金以錢計得凡百八有奇故事城有役軍民同之大夫乃使度城三分壤之二於民自餘以遺軍士併以所計白金八十給之約日即工出納數事咸選擇人使之遂庀財用募丁壯執鍤荷杵負土石就事者足相驩以至大夫既授之方法時復乘城聑勸者犒徒匠胥勤績用以瞬而畢肇手於戊寅六月之丙寅為日二百二十有八而訖工績實完好至樓櫓竿幟負焉既觀時巡撫都御史秦公國聲僉事孟公望之按沔問民隱於諸里居暨諸生者諸里居暨諸生述大夫所以裕民及之二公登視焉有歌於其野者曰瞻彼新城乃忘厥舊安吾為宗急吾知所走胡不吾聞吾

于力是助復有和之者曰新城有嚴奄失故所雖有奸譏孰敢予侮而今而後釋予澌釋予斧爰肆力於畦畝秦公顧孟公曰予聽之歲大侵久矣吾宜怨咨之聞也乃今舉大役而民有不知者而庇及於卒伍政可知矣守人不當如是乎有官吾郡縣皆令若茲吾豈其復犯風露是不可不丕視厥類使繼今有聞也諸里居介其學之師賓走諸生於東闕魯鐸請記諸樂石鐸雖病備嘗攝筆從紀事之後其得謂在家不知為記之大夫名濂舉中士為第一人出身進士有文學顯名今名復顯於有政修城其一也自公之暇輒留意書史為文章蔚然成家孔子曰學而優則仕仕而優則學又曰有文事者必有武備其大夫之謂也時正德歲在庚辰五月七日立

石

景陵即漢雲杜縣隋唐宋皆為郡治其城最久

故志國初指揮鄧琛知縣天麟築洪武己巳大水壞成化乙未知縣繼宗重築土城壬寅知縣縉弘治己未知縣端相繼修久之圮正德甲戌知縣良玉築甃高厚統二丈周六百八十有五丈門四曰南薰舊曰荊南曰東陽舊曰馬人曰西成舊曰鴈門曰北拱舊曰北城四面皆湖因以為隍祭酒鐸記景陵舊有衛蓋襄荊以東漢沔以北隨郢以南此最廣衍足牲鮮絲卉稻粱之利自古四方有事所爭趣也衣食招徠備九州之人雖平時不無蘖芽其間者是故宜有城國朝調衛涂州城猶無恙民所恃如故洪武己巳水決隄城壞雖築為周垣實不能為有無以予所聞見景泰二年盜入剳縣

庫弘治四年既刦庫復所獄取劇盜去正德庚午盜自獄出囚觸聚屠掠村鄉虜女婦刦丁壯爲徒書跡關呼官府示將直入狀以挾取所欲及庫實富民所移徙三司長副集官民宣慰兵數閱月僅乃殲之此皆城壞以後事也陳侯以辛未名進士下車之明年適河北大盜起　詔有司不得無城侯慨然欲爲永久計府屬父老語之父老曰所願也第如勞費何時吏府皆如縣鑿侯乃召富民大賈曰城爲汝蓋藏也財沒於盜孰與出十一以助吾築召丁壯曰城實汝保障也身沒於盜孰與分力以助吾築皆應曰惟命侯既自捐俸若干餘屬所捐又各若干四境之內翕然響應富民以緡錢至丁壯以畚鍤至樵獲爲薪烈煮石爲灰者以升車至侯悉以籍登記令公實員役司之既乃闢隄涸湖覆舊築爲城址窑於縣周凡百一十有二烟樓四合上絣爲雲霧者連數月輒成重每一鈞少窳者輒弗舉焉百爾云具人匠既集乃畧爲十有四工象

以散聚之節負者蠭升築者鱗積犛焉衡從適均灌焉燥濕得所晉作者心同服役者力齊萬手續紛歌謠隱耳知事事而不知勞也侯旦暮臨眡有慰無亟蓋若父兄率子弟治其垣墉室廬而意及其會雲者也戒事於九年之七月以十年之八月告成所需例爲白金計之爲兩者三千六百七十有八民所赴工積五十一萬二千九百四十有二城高二丈有奇厚加於高者五尺周迴六百八十五丈四門高二丈四尺其深幾倍之樓高不及城者二尺門扉皆以鐵衣之門之内各爲屋三楹於傍以居門者闢城内外地各丈許責所居得訶禁汙踐又增築外隄舍民其上何不虞也復於南樓置鐘鼓以警昏曉城外襟湖帶河若天設隍塹鄉邑民大和會下復登譙觀焉富民曰今而後貲誠吾有矣丁壯曰今而後身誠吾有矣女婦曰今而後保吾所家而定吾所歸矣其嘗罹盜者則泣且歎曰向使侯來不莫吾寧有疇昔蓋不啻家室成而

婦子相慶也夫天下之事備害防患以衛民生者莫如為城其勞實稱之民鮮弗病且然者景陵城廢百三十年來躬自失恃如向所云者知幾令矣侯至纔三載而百年之大功成於朞月人惟樂有所恃而不知勞與費焉非其賢遠於人有如是乎是年 朝廷以臺負之缺召侯縣人士攀卧不得留既去而思之益深斵石為碑屬汙淵曾明葦來求予記之嗚呼吾行天下見所謂賢守令多矣求夫誠心為民如侯不多見也侯之為政廉公明恕為吾人所思者豈勝紀述建城其遠且大者也姑書而鐫之石用慰所思侯名良玉字德夫蜀之富順人與侯協心者嚴君輔胡君洪孫君炫蔡君德器劉君翹其一時僚佐師賓也凡預是役者悉於碑陰勤之

分司東門内曰按察中為堂後為軒為後堂前為東西序為儀門為門都御史餘姚陳雍詩要使官清民自安莅官以

猛蒞民寬井泉自守來無盡膏血于今剝已殘心事滿懷何處寫省須終日爲誰攢行途不必論牛喘一雨翻成五月寒副使江賜詩到處民生尚未安寸心那得片時寬菲才計國驚鬢白終日征途嘆歲殘遙望翠華空目斷夢迴萱樹幾眉攢清燈公暇幽懷切且酌孤醪敵夜寒僉事長安田登詩塵海巢身計未安踈庸直負主恩寬白雲縹渺鄉心遠青鏡蕭騷客鬢殘葵藿傾天霄漢隔崆峒倚劍斗星寒東風挾李隨流水索莫無言蜂蝶攢慈谿顧英詩蘧蘧昨夜因余安衣帶腰圍未覺寬良樂有方知病利不才無計起民殘驛亭過處征途迴城郭辭秋落葉攢聞道沔湖魚蟹足瀟蕭茭葦水流寒

學之前曰布政制與按察同而差小俱正德乙亥知州潘重建

景陵分司縣東曰按察景泰中知縣庸修

西南曰布政成化弘治中知縣縮端修俱制知州而廣州署近西門中為堂後為軒為後堂嘉靖辛卯知州儲洵知賢判官賢重建左右為庫東為幕堂又東為知州廨舊在堂後前為判官廨舊吏目廨嘉靖丁亥改西為同知廨前為吏目廨幕堂後為添註官廨堂之前兩翼為六房中為戒石亭又前為儀門門東為吏舍西為獄又前為門按洪武九年改府置州以府為衛而徙州城西肇建者志失其人宣德間知州鏞同知信判官顯修正統癸亥又建志失其人天順間知州立同知達修弘治間知州濟建正德間知州成瀛顯修設官知州一人同知一人判

官一人同知判官添註無定員吏目一人吏司八人典十有六人

州行署在縣前弘治中知州濟創

學署見儒學縣同

永豐倉舊在州東北廢為射圃今在小北門內即衛倉也莫詳其始天順五年知州立重建設官大使一人副使一人吏攢典一人

稅課局舊在十字街西後徙江北設官大使一人吏攢典一人

陰陽學在東門內設官典術一人醫學二學共一所正統十年典科何誠造今廢設官典科一人

僧正司在報恩寺設官僧正一人道正司在玄妙觀設官道正一人

巡檢司二沙鎮在沙湖茅鎮在茅埠俱成化中都御史劉敷奏建知州理創茅鎮司今圯設官巡檢各一人司吏各一人

驛四漢津州東北渡口正德中知州瀌重建候埠州東六十里潘于安詩桂花開過菊花開三月辭家九月回帆背夕陽天外去雁分秋色水邊來嘉禾雲偃懷周德落木風高愧楚材莫惟舉盃無飲興倚門慈母正徘徊沙湖州東一百二十里剅河州西北六十里初省自正德中都御史秦金奏復置省深江驛入焉俱知州瀌建設官丞各一人吏各一人

河泊所二十一下五湖東南二百八十里陽名湖東百七十里司馬小陽東南九十里沙湖東百二十里上帳湖西北百八十里下帳湖東北百八十里陽孟池東北百二十里馬骨泛北八十里中下襄河東北六十里澧馬潭西北百二十里葫蘆三灣西百三十里白雲三汊西北二百里風波蒿臺湖西北二百里到河新掘口西北百二十里段下小港南五十里直步湖東南四十里西湖東南九十里李二河東南百二十里張家池東南百四十里白螺湖南二百里許家池南二百里設官所官各一人吏攢典各一人

國初河泊所有長下河官港湖螺子潰西港湖烏流湖千金湖剅口白石湖青山湖黃蓬湖賽港湖統三十有一正統間長下省入段下小港官港螺子省入直步西港省入西湖烏流省入張家千金省入白螺白石省入剅河青山省入風波正德間黃蓬省入許家賽港省入直步

便民倉在七里院內

預備倉永豐倉南知州顧建舊四一在七里院一在剅河一在黃蓬一在演武場俱廢

惠民藥局在十字街西景泰癸酉六月災明年甲戌建

申明旌善亭按察司前按志申明附城轄二西轄一上轄一南轄四中轄六俱廢

養濟院舊男女各一在東門外七里院弘治間知州弘宜徙

縣署舊景陵衛洪武三年廢爲縣中爲堂後爲堂曰退思知縣廨其後縣丞廨東主簿廨西典史廨東之南堂兩翼曰庫東曰幕堂又東曰架閣庫堂之東西序曰六房前曰儀門門東西曰吏廨又東曰儀仗庫前曰譙樓景泰四年知縣庸修弘治己未

知縣端重建如前按察副使金陵沈鍾記邑令

周侯自弘治戊午下車以來顧廳事歲久老將

就歷縱橫支柱日光下漏風雨周旁歲餘事有成績且以豈弟父母乎民民率信之侯視所積公帑頗亦有餘羨始移請當路委以爲名爰發所積市材鳩工一髮不以侵於民假事於己未冬十二月壬寅迄庚申春二月望告成

正本堂

華朴中度周過而靡亦罔不及而陋

知縣縉記景陵縣治仍衛之舊貫自公廳而下無一宇可蔽風雨爲退息所成化甲辰春始以廳比之隙地爲堂堂垂成匠氏左抱丈尺右執繩墨環楝四顧棟正而後東西爲窓二南北爲門倍之蓋隨方面廣狹以折中於棟也堂之成有賴於棟者如此邑之治顧不係於令之正乎然令之所以正者亦惟正身焉耳正身以正人而遠近大小如繩墨之準丈尺之量莫不一歸於正猶棟之正而堂以成也嗚呼堂成於棟棟爲堂之本也邑治於令令爲邑之本也居此堂者盍思所以正其本乎然則是堂之建非爲安逸謀也因扁以正本云

仕學堂

縉銘

歲月如流忽焉一春仕無餘力學未日新面牆日偏心茅日深嗚呼聖禹尚惜寸陰緒何人也可以因循格物致知誠意正心以窮乎理以脩乎身稽之於古驗之於今主之惟敬進之惟勤誅茅之鋤去牆之斥牆乎茅盡庶幾乎人堂今廢

設官知縣一人縣丞一人主簿一人典史一人吏司八人典九人

乾鎮巡檢司縣東八十里成化十三年奏建知縣繼宗立

設官巡檢一人吏一人

乾灘驛巡檢司東成化十六年奏建知縣緒立端修

設官丞一人吏一人

陰陽學縣前

設官訓術一人

醫學（縣前）設官訓科一人

僧會司（在東禪寺）設官僧會一人

道會司（在丹薔觀）設官道會一人

倉三　廣儲（縣西知縣綰立端修）預備（北門外嘉靖丁亥知縣相重立）兩便

乾灘驛西【綰記】允進者賦於民而輸於軍也景陵攸於縣倉河隘且淺軍船不能入則出其米於乾灘採蘆為蓬而貯之軍以米濕為辭未免賂之歲科戶歛如常事然癸卯秋綰乃度地倉木石委典史陳顯督之作倉曰兩便謂便於民則不便於軍何以兩便為曰賦入於倉而民不勞焉允出於倉而軍無辭焉謂之兩便不亦宜乎今廢

亭六　申明（縣東）旌善（縣西）鄰里（申明南【綰記】自古者授宅之制壞而不講

教與養遂至為故事紹來景陵乃以比屋五家為鄰比鄰五鄰為里使家屬於鄰各事一業鄰聯於里共立一塾業以養之則四民之志以定塾以教之則五品之倫以明間有不率教無職事者鄰里之長會衆諭之不悛而後聞於官以懲之廢幾綱維有道而教養可施也於是總而目之曰鄰里作亭者所以記某鄰某里之姓名云按此亭今改為懲惡非作者意也

塘埦

旌善南「紹記景陵古竟陵陵至此而竟故高地之泉下土潤水乏泉則易旱瀕水則易澇而景陵旱澇常相半故事救旱有塘防澇有埦先紹之為邑者嘗一修之柰何因循歲久而日圯紹來乃擇有行義者為塘埦長綜其里人以戮力焉圯者築之壅者鑿之昔無者今增之塘必深廣埦必堅高而因以正經界勸耕稼時督而月視之歲終則論功以加懲勸四五年農事修而衣食以足民乃漸歸於政教之中然始勤終怠人情之常於是為亭於邑治西刻塘埦丈尺與

長人姓名於石使接目警心及時趨事不能自已而前日之成功可以久存而不壞庶幾遂能思初而安能惟給也敷政大街西綽立以揭榜有記衡量大街東綽記度量衡法制所自始我太祖高皇帝頒鐵斗於天下大定之時所以齊物範人也然斗斛於官民不常見矧承平日久安能保其無弊哉繼乃立亭於市中合度量衡較以時制使法之不一者皆於此取則焉庶乎市價可平也

鋪州二十有三總新興裴家灌纓滄浪白家橋候望佘家左洑拖船横堤馬王下畬俱東往漢陽路新關採發朱家橋鐵櫃潘老人堤到河新淵南黄俱西北往景陵路磚子石牌俱西街潛江路縣九總新開趙家

瀆洪、仕漁、泛洪、緊水、口牛、漕桐、柱[俱南往沔陽路]

坊八十有八

州四十有七

朝東　同樂　仁和[在中衢東]　阜南　鎮南　報恩　景福　定遠[在中衢南]　安西　武德[在中衢西]　拱北　進賢　廣濟　平遠[在中衢北]　仙里　依蓮[在中衢西北]　迎恩[在紅花堤]　澄清[在臬司東]　敷政[在藩司西]　承流[在州東]　宣化[在州西]　啓文[在學西舊為育賢]　儲俊[在學東舊為泮宮上二坊俱正德甲戌知州咸改作自朝東至此俱廢]　學宮[在中衢北正德甲戌知州咸建]　進士四[一為李瑫一為邵暹一為劉鈺一為先中憲]　折桂[在迎恩亭]

東為王倧世科在黃蓬為劉深登雲二一為劉琢一為陳勛文英為黃金
觀光為李敏利賓為全忠登瀛在澧河為章賓步蟾在江北為平璉
梯雲在上關為徐璘雙桂在江北為李琮青雲在黃石湖為鄧綸文會
在南門內為蕭禧繼芳在江北為平沂登俊在東門內為郤福世美在學
前為王邦霖解元在中衛南為呉濟飛黃在小北門內為王瑞登庸在漢
津驛前為先中憲以上惟學宮存
進士止存其一折桂以下俱廢

景陵四十一宣化在譙門前德政在譙門東書林在縣東故為書
隱知縣綰易會文亦在縣東通遠在縣南古隱在縣西阜民亦在
縣西拱辰在縣北澄清在分司東肅政在分司西迎恩在南門外興

賢在學東　毓秀在學西　昇俊亦在學西　青雲在南門外　雙桂在縣北古城為元進士張淵道張從道立　進士在中衢為胡俊　經魁在中衢為何慶源　冲霄在義河街為黄鍾故志為王誼考科甲遺誼　步蟾在南門外為徐顯　觀光在縣西為鄧以參　鵬程在東門為何禮　奪錦在縣東為何讓　拔秀在中衢為雷鐸　折桂在義河街為鄧勉　雲衢在下白湖村李端　聳英在華嚴湖為蔣珪　冠英在中衢為廖訓　登雲在南門外為張鼎　登庸在義河街為李慶　飛騰在南門內為蕭佐自雙桂至此俱廢　文明在中衢為王瑜　擢科在中衢為何毗　鳴鳳在官城村義民張愈為郭軒　登科在北門內為郭軒　儀鳳在中衢為段諫　攀龍在中衢北為魯鐸　會元在州司前為魯鐸　大司成

在南門内為魯鐸亞魁在南門内為程鴻鳴鳳義河亭東為徐鵬

橋十有二

州六江北城西西三里橋不常有春夏水泛則行舟正德戊寅知州瀘潛修而新之劉家渡西十里剅河西北六十里泗港東十里侯埠東六十里孫江口東七十里

景陵六清河北半里舊有亭弘治癸丑知縣貴建扁曰保障浮南門外元知府景亮作廢義河南一里鳫鳫叫門外湖堤上相傳即鳫覆陸羽處因名廢觀音西北十五里弘治戊午知縣端加修柳家東北四十里舊為渡弘治戊午知縣端橋之

樓十有二閣四堂二軒一亭五臺八

樓州仰北在州治北景泰中建今廢吽佛寺在報恩寺今廢仁風在州子城舊名漢江未知孰是今更東門樓為此名南紀即南門樓長夏即西門樓建興即大北門樓楚望即小北門樓以上五門舊有樓無名敘因修志為更定焉漢津在驛前正德十二年知州李濂建[濂詩]鴈過州城天地秋濵濵波浪抱戕二毛蛩入潘安賦一葉能添宋玉愁漆郡田蕪猶縞祿殊方日落吏登樓歲時搖落悲無盡興在清汀雙白鷗譙樓在衛前天順弘治間指揮史宣葉茂次第建縣望仙在州城上宋晏殊類要刺史鄭摩建煙雨在州境宋郡守王知新有詩二樓俱廢故志屬之州敘按宋復州治景陵則此當屬之縣也鼓角宋祥符中建今無考

閣玉虛在玄妙觀舊名玉皇知州濂更萬壽在報恩寺縣寶香在州境宋

韓爲建後爲湖山堂

雲章堂在州學二閣俱無考故志亦屬之州今正之

縣宣化在州學宋建今無考

讀書故志在州城北紫極觀唐皮日休陸龜蒙讀書于此皮詩既見陸夫子驚心却伏廄結彼世外交遇之於邂逅敘按日休襄人龜蒙吳人相遇於苕霅間遂與友善非在景陵也是詩乃龜蒙讀襄陽耆舊傳作五百言貽日休日休和荅及此且載松陵集亦非景陵事也不知故志何以云然

軒

鴻軒在縣北古城内宋張耒謫時所構後起傍黃臨別題詩云單車又向黃州去風月相望一嘆嗟又望復州云他年君問鴻軒人堂下薔薇應解語蓋嘗植此花于其處也黃州亦有鴻軒

亭

州迎恩在漢津驛東宣德四年建今廢

縣延賓在州東

綠波在州

城內俱宋建故志屬州今正之

夢野 在縣治東南隅基臺上宋景祐中州守王琪建有記謂一目可盡雲夢之野故名晏殊宋祁吳育蘇紳石延年皆有詩張耒詩高蘿巨榆壓城闉平視如將七澤吞幾度春光搖宋玉碧闌干外獨消魂其基尚存嘉靖甲申庠生魏襄兄弟復建亭讀書其中

境會 在縣南宋祥符間因創鼓角樓掘得一石乃唐竇使君境會亭

臺州仙女 在州北四十里萸石湖側故志列仙傳江妃二女皆麗服華妝佩兩明珠大如雞子遊於江漢之湄逢鄭交甫不知其神遂與言曰願請子之佩二女解珠與交甫去數百步女忽不見佩亦失之故名敘按襄陽志有解佩渚安陸志有漢皋亭皆引交甫事未知孰是也

五樂 在州古城東北相傳楚王出獵之所

望沔 在西南四十里

清薰 在漢廣村舊名清軍敘更今名先隴在爲

縣夢野 見前

撒花 在東南六里廣百餘

丈嘗有異花撒焉　城隍在乾鎮東或云廢縣　花臺在北三十里周五丈高丈餘不知何代築

史氏曰夫崇墉浚隍所以養安也高堂遠廡所以養尊也故人安則本固而民和官尊則等威別而民敬是故安而無以守之誨盜之塲也尊而無以臨之移氣之所也

贊曰署維位表宅維章次言者墉民斯攸塈創廢葺頹用謹常制

創設

河防

沔陽志八

凡水在上流者江漢最大其流俱至雲夢而合地窪水豬故為巨澤當堯之時洪水橫流禹治水荆州導漢過三澨至于大別導江過九江至于東陵沱潛既道然後雲土夢作乂傳言水落而土見可耕治也周官職方氏荆州之藪曰雲夢漢司馬相如賦子虛稱楚有七澤雲夢其一澤方九百里此皆作乂之餘至周迄漢猶為藪澤杜預曰雲夢跨江南北郭璞曰安陸枝江俱

有雲夢城胡三省曰雲夢甚廣後世悉為邑居聚落則易爲藪澤爲墳壤矣蓋漢皆最濁漢書云河水一石而六斗泥涇水一石其泥數斗漢水之泥亦不啻是每與江湖水合其滓必澄故常填淤而沮澤之區因成沃野南宋張興世居臨沔水門前忽生洲嶼大數十頃是一證也惟江清不易淤然荆州記江陵初有九十九洲後其洲滿百則江亦有時而淤蓋所謂土作乂者其由來者久矣故沔居澤中土惟塗泥而竟陵雲杜

頗多高卬之田民漸芟剔墾爲阡陌然江溢則没東南漢溢則没西北江漢並溢則洞庭沔湖匯爲巨壑雖堯横流之時禹未導之日不是過也故民田必因地高下修隄防障之大者輪廣數十里小者十餘里謂之曰垸如是百餘區其不可隄者悉棄爲萊蕪萊蕪之地常多於垸漢賈讓曰内黄界中有澤方數十里環之有隄民起廬舍其中東郡白馬黎陽故大隄皆數重民居其間其制頗與垸同蓋自漢已然矣漢唐以

來沔隄修廢無所於改五代時高季興節度荊南築隄以障漢水自荊門綠麻山至潛江延亘百三十里因名高氏隄而江隄亦自監利東接漢陽長百數十里不知何時所築名長官隄沔皆賴焉宋乾道七年湖北漕臣李燾請修江陵潛江里社虎渡二隄詔明年修築紹興二十八年監察御史都民望言江陵東沿江北岸古隄名曰黄潭建炎間邑官開決引江水為險阻以禦盜既而夏潦漲溢荊南復州千餘里皆被其

害近因民訴始塞之乞令縣官隨方修補從之
元季沔乘兵燹之後人物彫謝土地荒蔵
明興江漢既平民稍墾田修隄是時法禁明白
人力齊壹隄防堅厚湖河深廣又院少地曠水
至即漫衍有所停洩賈讓所謂大川無防小水
得入陂障卑下以為汙澤使秋水多得有所休
息左右游波寬緩而不迫是也故自洪武迄成
化初水患頗寧其後佃民估客日益萃聚閒田
隙土易於購致稍稍墾闢歲月寖久因攘為業

又湖田未嘗稅畝或田連數十里而租不數斛客民利之多瀕河為隄以自固家富力强則又增修之民田稅多徭重丁口單寡其隄壞者多不能復修雖院必有長以統丁夫主修葺然法久弊滋修或不以時故土未堅實丁夫或非其數故工尚鹵莽夫院益多水益迫客隄益高主隄益卑故水至不得寬緩湍怒迅激勢必衝嚙主隄先受其害由是言之客非惟侵利且貽之害也然大水驟至汎濫洶湧主客之院皆為波

濤雖曰主害亦匪客便也故漢書曰左隄強則右隄傷左右俱強則下方傷其謂此歟賈讓曰隄防之作近起戰國雍防百川以自利齊與趙魏以河爲竟趙魏瀕山齊地卑下作隄去河二十五里河水東抵齊隄則西泛趙魏趙魏亦爲隄去河二十五里雖非其正水尚有所遊盪時至而去則填淤肥美民耕田之或久無害稍築室宅遂成聚落時至漂沒則更起隄防以自救稍去其城郭排水澤而居湛溺自其宜也其事

頗類於沔成化甲午弘治庚申水大漲正德丙子復漲丁丑如之皆乘舟入城市隄防悉沉於淵民淺者為棧深者為巢飄風劇雨長波巨濤煙火斷絕哀號相聞湛溺死者動以千數不特漂沒田廬而已此則民救死而不免也何有於隄防哉故沔民之敝始於成化極於正德瘠殘至今未之復也其後都御史秦金布政使周季鳳以江水常決監利之東木隄漢水常決潛江之班家隄俱修之其丈以千百計然未能高堅

水至即崩弛嘉靖甲申知州儲洵以沔之利害莫大於隄防博求遠訪具知其要害遡上疏曰臣聞禦患不救其源則勞於爲役而敝壞日甚計大事或惜其小則功未及成而併棄其初未有慮之不深圖之不固而能興可大可久之利者也臣待罪沔陽伏見其地南臨大江北枕襄漢西南二百里至監利西北二百里至潛江北二百里至景陵東北二百里至漢川地勢甲窪湖泊相連正係江漢下流原無岡阜障蔽諸水

奔赴若就大壑民田惟土築扞院防衛耕種成
化弘治間湖池深廣隄防堅固雖遇江漢水發
易於防浪爲害未深自正德十一二年大水泛
溢南北江襄大隄衝崩湖河淤淺水道閉塞院
塍倒塌田地荒蕪即今十數年來水患無歲無
之上廑
聖慮曲荷拯援賑貸蠲租
恩至渥矣臣惟重厚之澤豈宜屢覬而思患預
防尤貴及時且江漢之水每夏秋之交鮮不溢

發使沿隄之地漫無防護徒於諸院小小補塞則高水湍悍勢若土崩至則衝突何功之有臣聞南自監利車木堤水口衝塌每遇川江水發不惟其縣受害而沔陽後洚荼埠凡一十六村熊家浮潭凡四十餘院稅粮八千餘石高低渰沒尺土不堪耕種自潛江排沙頭班家灣新開便河及沔陽石牌鋪諸處水口衝塌每遇襄漢水發則潛江景陵二縣沔陽深江西范凡二十七村蓮河栢樹凡七十餘院稅粮一萬五千餘

石亦無尺土耕種加以房屋漂流牲畜溺死巢居野處動經月束手就斃言之痛心前隄雖屢經撫按遣官修築但地方廣遠工力繁鉅增卑培薄易就傾瀉以臣觀之大患之後弊壞已極使非補天之功而欲禦建瓴之勢吾民不爲魚鼈鮮矣伏望

聖慈軫念生民憂患

勑下戶部查照蘇松修舉水利故事轉行湖廣撫按并提督水利諸臣酌量計議遣官隨地相

度大江則自監利而下以及沔陽襄河則自安陸而下以至漢口大約俱不過三百里之地沿邊堤岸何處可以仍舊何處可以增修如車木堤排沙頭班家灣潛江新河諸處尤為上流利害切要之地若舊堤不堪繕整客土卒難堅固則移入近裏或數百步或半里許度地形之高卑驗水勢之緩急創築新堤委曲延袤務使高厚堅完永堪障蔽雖遇水發不致衝漫如礙有粮田土勘實奏免非如虛當勞費所謂漢人治

河之下策斯善矣然修築事宜工力頗繁即令民窮財盡若復越外取給則患未及除而首先受弊秪益其狼狽耳臣愚伏請查撥均州香錢或借支司庫官銀或將沔陽監利潛江景陵起運稅粮每石連耗徵銀一兩比照災傷之例免解本色每石准銀六錢解京其餘扣留在官以備顧募工食之費仍候秋冬農隙每州縣起夫各數百名併力修築量支口粮即充賑給庶公私兼舉力役易完從前沮洳盡成膏腴稅粮有

資耕治不廢方千里之民受無窮之利轉災爲
福端在于此矣臣又聞之宋臣張綸之爲發運
也以通泰海州皆瀕海潮水日至城下田土斥
鹵不堪稼穡請築捍海堤於三州之境長數百
里以衛民田朝議從之踰年堰城不惟當時民
享其利至今通泰楚海迄無風濤之患其利溥
矣況今所奏比之捍海之役其易十倍工力之
費視一年蠲免與内帑出給之數纔十之三四
而已記曰利不十不變法況法不必變而受利

什百寧忍坐視患害而莫之救哉疏奏事下撫巡舉行會洵遷官而都御史黄衷合藩臬諸臣議以工大費冗且時已迫遂猝難盡舉按察副使劉士元建議龍淵而下凡九區為要衝宜先事事迺出司藏千金于沔而中分于景陵遣斷事艾洪董其事洪復益以滄浪而下凡五區於是龍淵花墱牛埠竹林西流平放水洪茅埠王沙瀕江者為隄綂萬有餘丈大小朱家滄浪南池瀕漢者為隄綂幾萬丈叙嘗為之記碑在漢津驛前於是洵

之策雖未盡行而江漢頗有所捍明年丙戌夏四月江溢至于六月五月漢溢六月連溢加盈焉秋七月復溢如初沔賴以完而百穀用登斯亦洵策之效也未幾潛江河害城邑縣官奏開新河以殺之謂之恩江於是河益猛迅如建瓴然而班家諸隄直擣峻衝沔民憂惶請罷其役而潛人以縣治危迫必欲濬之潛沔交争如訟後其河隨淤水爲不流嘉靖庚寅漢水决拖船埠西湖水溢沔之西北遂爲巨浸知州曾儲判

官蔣賢因塞之洵之疏卒無施行者

長官隄在州南　百石湖隄在州北五里　高隄即復州故城今以為隄　末豐隄在縣東北　護城古隄在縣西南宣德中知縣委官修成化中知縣綿弘治中知縣端俱復修祭酒鐸家食時有記　周公隄在縣南自東尾至南黃古隄長三十里皆汗下弘治中知縣端築之因名　古隄有二在縣東北長五里以防義河之水　班隄在下白湖村世世傳魯班所築以防京山山水　便隄在縣南東湘渡

史氏曰昔者先王不防川不竇澤是故水土演而民用也班固謂經無隄防雍塞之文以為起於戰國然禹陂障九澤而單襄公亦云陳之澤

不陂障則其事文先王之制矣夫疏河濬川所以豐物也湮庳塞汙所以防溢也沔之水患無歲無之非有隄防不其魚乎洵之疏賈讓之上策也其為沔慮詳矣舉而行之無難也郡之利害余故備論之

贊曰雲夢豬澤江漢匯流溢決為沴隄障聿修捍彼洪波墾兹良疇博哉洵疏惠我民休

河防

沔陽志九

食貨

夏荆州厥土惟塗泥厥田惟下中

周荆州其民一男二女其畜宜鳥獸其穀宜稻

漢晉並闕

南宋竟陵郡戸八千五百九十有一口萬四千三百七十有五

隋沔陽郡戸四萬千七百十有四

唐復州戸八千二百有十口四萬四千八百八十有五

宋史闕

元復州戶萬七千七百六十有六口三萬九百五十有五

明沔陽州附景陵

高皇帝朝辛未

州戶七千五百七十有二軍五千九百二十有二民九百三十有五雜役七百十有五口四萬七千四百有十男二萬三千一百有九女二萬四千三百有一田地三千九百四十有一頃六畝二分官三十有六頃十有六畝二分民三千九百四頃有九十畝

縣

戶四千七百有二軍四千三百七十有八民百八十有二雜役百四十有二口二萬三千六百十有九男萬一千五百有三女萬二千一百十有六田地三千八百九十有五頃五十有四畝四分官三十有四頃七十有六畝三分民三千八百六十頃七十八畝戶口田地之數前此可稽者如是而止後乎此則具在版策而登耗之數踰十年或不能齊故詳書之而其增其減咸以是歲為准云

文皇帝朝癸未

州戶減九十七軍五千八百有六十民九百十有二雜役七百有三口

減五百三十有七男二萬三千有三百有二十女二萬三千有五百五十有二田地增三百七十有二頃十二畝五分官數如癸未民四千二百八十頃有二畝五分縣戶減千九十有一軍三千三百九十有三民百十有二雜役百有六口減千五百有十男萬五百有一女萬一千六百有八田地增三十一頃十有三畝九分官五十一頃六十四畝五分民三千八百七十有五頃三畝八分

壬辰州戶減二百十有七軍五千八百二十有二民八百四十有三雜役六百八十口減二千二十有一男二萬二千四百九十女萬二千八百九十有九田地增三百七十有六頃六十

有二畝五分官如前民四千二百八十有一頃五十有二畝五分縣戶減七百六十軍三千七百二十有三民一百有九雜役百有十口減百八十有七男萬二千四百有六十女萬九百七十有二田地增百三十有八頃九十有九畝九分官五十四頃二十有三畝七分民三千九百有八十頃三十畝六分

壬寅州戶減三百二十有四軍五千七百九十民七百九十有八雜役六百六十口減八千九十有五男二萬一千二百有十女萬八千一百有五田地增三百八十有七頃十有六畝五分官如前民四千二百九十有二頃六畝五分縣戶減五百

七十有六軍三千八百六十有五民百三十有九雜役百二十有二口增九百三十有六男萬四千八百三十女九千七百二十有五田地增二十九頃四十有八畝九分官五十四頃三十有七畝九分民三千八百七十頃六十有五畝四分

章皇帝朝壬子

州户減四百有七軍五千七百四十有三民七百七十有二雜役六百五十口減九千七百四十有二男二萬四百四十有六女萬七千二百二十有二田地增三百八十有七頃十有六畝五分官如前民四千二百九十有二頃六畝五分

縣户減五百

軍三千九百四十有二民百四十有七雜役百十有三　口增七百三十男萬三千六十有九女萬一千二百八十　田地增百十有八頃九十有六畝一分官五十四頃七十有一畝九分民四千百九十有八頃九十有九畝五分

睿皇帝朝壬戌

州戶減四百九十有六軍五千六百七十有八民七百五十有五雜役六百四十有三　口減萬二千百五十有四男二萬一千四十有一女萬四千二百一十有五　田地增四百五十有一頃二十有七畝六分官如前民四千三百五十有六頃十有七畝六分

縣戶減千五百四十有三軍二千九百三十有有五民百二十有八雜役九十有六口減二千二百二十有四男萬一千七十有四女萬三百二十有一田地增三百五十有八頃十有七畝官五十四頃七十有一畝九分民四千百九十有八頃九十有九畝五分

景皇帝朝壬申

州戶減六百四十軍五千五百三十有九民七百五十有四雜役六百三十有九口減萬二千六百八十有一男二萬千六百六十有八女萬三千六十有一田地增四百七十有八頃九十有七畝九分官如前民四千三百八十有三頃八十有七畝九分縣戶

減千五百四十有四軍二千七百四十有一民三百有一雜役百一十有六口增二百四十有六男萬三千二十有五女萬八百四十田地增百四十有五頃七十有六畝四分官五十一頃七十畝三分民三千九百八十有九頃六十畝五分

睿皇帝朝天順壬午

州户減六百五十有一軍五千四百四十有五民八百八十有三雜役五百九十有三口減萬二千二百十有八男二萬二千七百八十有一女萬二千四百一十有一田地增四百八十有九頃八十有二畝四分官三十七頃二十有四畝一分民四千三百九

十有三頃六十四畝五分縣户減千三百五十有七軍二千九
百五十有三民二二百六十有八雜役百二十有四口增二千八百八
十有一男萬四千三百七十女萬二千百有三十田地增三百三
十有六頃六十有九畝二分官五十二頃七十有三畝一分
民四千一百七十有九頃五十畝五分
純皇帝朝壬辰
州户減五百八十有七軍五千四百四十有五民九百四十有七
雜役五百九十有三口減萬二千三百十有七男二萬二千七
百三十有八女萬二千三百五十有五田地增四百九十有七

頃五十有四畝七分三釐官民數闕縣戶減七百

九十有一軍二千七百六十有六民六六百二十有三雜役五百二十有二口

增七千二百九十有三男女數闕田地增百一十

有二頃九十有七畝五分七釐官五十一頃六十有四畝

五分民三千九百五十有六頃八十有七畝四分七釐五毫

壬寅闕

敬皇帝朝壬子闕

壬戌州戶減千三百八十有九軍民雜役數闕口減

九千七百六十有五男二萬四千五百有一女萬三千一百四十有

四田地增五百十頃二十有三畝三分一釐五毫官數如辛未民四千四百十有五頃六十有三畝二分七釐五毫縣闕

毅皇帝朝壬申

州戶減八百二十有九軍三千三百十有八民二千七百六十有六雜役六百五十有九口減八千五百有三男二萬五千二百四十有一女萬三千六百六十有六田地增五百十有一頃十有八畝八分一釐五毫官如前民四千四百十有六頃八畝七分七釐五毫縣戶減七百九十軍民雜役數闕口數如壬辰田地數亦如壬辰

今上皇帝朝壬午

州戶減五百二十軍三千三百十有七民二千九百五十有七雜役七百六十有八口減八千百九十有四男二萬五千三百四十女萬三千八百七十有六田地增五百十有一頃三十有二畝七分七釐五毫官如前民四千四百十有六頃二十有二畝七分七釐五毫

縣戶減四百九十有六軍二千八百二十二民八百五十有二雜役五百三十有四口增萬五千六十有九男二萬三千八百有八女萬四千八百八十田地增百三十二頃六十八畝一分官五十一頃六十四畝五分民三千九百七十六頃五十八畝

賦

洪武州稅大麥折米五十有九石四斗八升三合小麥一百石四斗九合米六百二十石三斗二升九合粮米正耗一萬七千一百十有九石三斗八升七合黄豆七百二十有九石九斗九升二合縣稅小麥六石三升九合米四百一石四斗六升五合南絲一百七斤一兩一錢八分農桑絲十有四斤一兩二錢粮米二萬一千八百四十有四石三斗八升五

合黃豆五十有五石八斗七升六合芝麻五石一斗六升一合

永樂元年州粮米增六石七斗九升縣稅米增四石八斗南絲增一斤九兩一錢七分農桑絲增三兩三錢二分粮米增四百七十石六斗二升二合

十年州粮米增七十四石二斗三升三合縣粮米增一百二石二斗五合黃豆增九斗一升

二十年縣稅小麥增二斗九合米增一石一斗

四合農桑絲增三兩七錢一分粮米增五十
七石七斗一升二合黄豆增三石一斗四升
一合芝蔴增一斗三升三合
宣德州稅大麥折米減二斗八升九合粮米減
一百四十石六斗一升八合黄豆減二斗九
合縣稅小麥減一斗六合米減一石一斗四
合南絲增一兩九分農桑絲減二兩五錢二
分粮米增四十四石二升三合黄豆減一石
一斗七升六合芝蔴減八升一合

正統州粮米增一百五十有三石七斗五升
合縣稅小麥增一升九合米增七斗一升八
合南絲減三兩九錢七分農桑絲增四兩三
分粮米增九百八十石九升二合黃豆減一
斗三升二合芝蔴增二升六合
景泰州粮米增七十有六石三斗七升五合縣
稅小麥增一斗米增六石六斗八合南絲增
六錢一分農桑絲減三兩四錢五分粮米減
九十有二石四斗八升五合黃豆減四石九

斗三升七合

天順州粮米增三十有六石五斗四升五合黃

豆增二斗九合縣稅小麥增六斗五升六合

米增二斗七升五合南絲增三兩三錢八分

農桑絲增七兩三錢九分粮米减二百十有

七石一斗四升五合黃豆增五石七斗八升

二合苎麻增四斗四合

成化缺

弘治十五年州稅米六百七十有九石五斗十二

升四合小麥一百石四斗一九合農桑絲四十五斤十五兩三錢四分粮米一萬七千三百九十石六斗五升七合黄豆七百二十有九石九斗四升四合縣鈌

正德七年州稅米增六斗七升四合粮米增一石六斗五升二合縣稅米增六石四斗五升七合南絲增一十一斤五錢五分二釐農桑絲增三兩四錢四分粮米增四百九十七石四斗六升八合黄豆減一斗九升三合

嘉靖元年州稅小麥增四斗三升二合縣粮米增四百九十八石五斗一升

貢州天鵝六十有五鴈五十有五麂皮二百麂皮二十獐皮百有四十花猫皮十有五狗獾皮五十有五香猫皮三十獺皮二十鴈翎六千鴨翎萬有二千段匹五十有二各色弓百有二十弦六百箭三萬九千縣天鵝四十有五鴈三十有五麂皮百鹿皮八獐皮百三十有二花猫皮二十狗獾皮二十有六香猫皮二

十有二獺皮十有二鴈翎一萬二千鴨翎一
萬段匹二十有三各色弓五十有四弦二百六
十有五箭萬七千三百三十有三
課州酒醋油榨房地賃鈔通二百二十有六貫
歲榷商鈔二萬二千三百六十有四貫八伯
三十文歲徵魚課鈔舊額十有五萬七千九
百五十有六貫八伯五十文永樂七年老軍
額外閘辦魚課鈔四萬四千一百六十有三
貫二伯三十文蓮子課鈔九百二十有四貫

四伯四十文菱角課鈔四十貫魚油二萬七百五十斤八兩魚鰾二千三百六十有九斤十四兩黃麻七萬五千四百十有七斤白麻二萬七千五百八十有二斤鵝翎三十有五萬九千八十有二根鴈翎十萬六千九百三十有五根鴨翎二十二萬一千二百六十有五根縣酒油榨紙鈔二百七十貫四伯文房地賃鈔一百三十貫二伯五十文歲徵商鈔七千五百九十有三貫二伯三十文

庸調州銀差歲千二十有八兩三錢四分四釐

布政司柴薪皁隷十人按察司四人州十有二人人銀十有二兩合三百十有二兩按察司馬夫二十人州四十人人銀四兩合二百有四十兩儒學齋夫八人人銀十有二兩合九十有六兩漢津候埠司河沙湖四驛支應庫子八人人銀十有二兩合九十有六兩荊府齋郎六人銀十有八兩先師廟祭二每祭銀十有五兩合三十兩以上仍舊太府進貢水手三人人銀六兩合十有八兩布政司書手一人銀八兩

儒學膳夫六人人銀十兩合六十兩歲貢銀每年二十兩江
夏將臺驛支應庫子三人銀三十兩鄉飲二每飲銀五
兩合十兩山川壇祭二每祭銀五兩合十兩社稷壇祭二每祭
銀三兩有五錢合七兩厲壇祭三每祭銀五兩合十有五兩以上俱蔵藥
味解戶二人上解一銀三十兩中解一銀二十兩合五十兩布政司
表夫及過京水快手銀八兩有三錢四分四釐以上俱增
力差歲二百七十有七人顧役銀八百有五兩八錢
漢津驛館夫四人到河候埠沙湖各二人人銀
三兩有六錢合三十有六兩布政司皁隸五人人銀六兩合三十兩

以上仍舊禁子二人人銀九兩合十有八兩按察司皁隸二人人銀六兩合十有二兩布按分司門子各一人人銀一兩有二錢合二兩四錢本州皁隸弓兵三十有四人人銀二兩合六十有八兩布政司廣備庫子一人人銀十兩本州禁子七人人銀三兩有六錢合二十五兩有二錢門子五人人銀一兩有五錢合七兩有五錢庫子二人人銀二兩合四兩儒學庫子一人銀二兩有五錢斗級三人人銀三兩合九兩門子六人人銀二兩有五錢合十有五兩預備倉斗級二人永豐倉六人人銀三兩合二十有四兩鋪司兵七十九人人銀三兩合二百三

十有七兩南黄拖船渡夫各一人人銀一兩有二錢合二兩有四錢稅課局巡欄四人人銀一兩有二錢合四兩有八錢以上俱減沙鎮芉鎮巡司弓兵各五十人人銀二兩有五錢合二百有五十兩按察司禁子二人人銀九兩合十有八兩以上俱增

縣銀差歲五百九十有六兩五分五釐

按察司柴薪皁隸五人京山縣九人太府一人人銀十有二兩合一百有八十兩按察司馬夫十人縣四十人人銀四兩合二百兩儒學齋夫六人人銀十有二兩合七十有二兩布政司書手一人銀八兩鄉賢名宦祠武侯

廟祭各二銀三兩有四錢合六兩有八錢以上仍舊

先師廟祭二每祭銀十有五兩合三十兩社稷壇祭二每祭銀三兩有五錢合七兩山川壇祭二每祭銀五兩合十兩鄉飲酒二每飲銀五兩合十兩儒學膳夫四人人銀十兩合四十兩岳懷王奉祠柴薪皁隸一人銀十有二兩以上俱減布政司表夫及過京水快手銀五兩有二錢五分五厘歲貢銀每年十有五兩以上俱增力差歲百八十有一人顧役銀六百有四兩七錢按察司禁子二人人銀九兩合十有八兩乾灘驛支應

庫子四人人銀二十有一兩合八十有四兩館夫四人人銀十兩
合四十兩以上仍舊布政司廣備庫子一人銀十兩按察
司皁隸一人布政司二人人銀六兩合十有八兩布政
司禁子一人銀九兩本縣各倉斗級共四人人銀
三兩合十有二兩庫子一人銀二兩門子五人人銀一兩有五
錢合七兩有五錢皁隸弓兵三十有四人人銀二兩合六十有
八兩禁子六人人銀三兩有六錢合二十有一兩六錢布按分司
州館門子三人人銀一兩有二錢合三兩有六錢兩京解戶
一人銀三十兩儒學斗級二人人銀三兩合六兩庫子一

人門子五人人銀二兩有五錢合十有五兩各壇門子一人
接官亭一人人一兩有二錢合二兩有四錢各鋪司兵四十
有四人人銀三兩合一百三十有二兩渡夫八人人銀一兩有二錢合
九兩有六錢乾鎮巡司弓兵五十人人銀二兩有五錢合一百
二十有五兩以上俱減
沔之繇往多繁重嘉靖乙酉都御史黃衷副
使劉士元稍增損行之州省銀二百六十有
六兩縣省銀八百九十有四兩其增者纔一
二耳故余因備述之曰減曰增皆别夫舊也

役民者守而勿失亦畫一之法矣然州縣之繇歲役一甲里之甲十率十歲而一週弘治間知州董傑病其重也迺令歲役二甲以分其勞嗣是者不之察老吏黠胥因以為奸兩甲之役無復裁省故民未及紓而反加之頻往役者久亦因仍為常雖良守宰竟弗之變老弱轉徙邑里蕭條人皆莫知其坐此也語曰法立久而弊生今豈待久哉然傑之法意在安養使役民者盡傑也亦無弗可者顧卒

歸於弊豈傑之罪哉

物產

五穀　多稻多菽有黍有稷有麥有蕎有粟

菜　多蔓菁多芹多茭多荇多芡多荻牙多蘆筍

藥　有半夏有南星有香附多充蔚益母草多瓜蔞有牽牛有枸杞有桑白皮有萆麻有艾有車前子

果　多蓮的多藕多菱有茈菰多荸薺

花　多荷

木　多楊多柳有竹

草多木綿有苧有蔴有蘋多藻有蘩多龍蓼多葦多菼荻多蒲多青蒿多茅

鳥有鷺多鴈有鴛鴦多水鴨有天鵝有鶴有鷙多鸕鷀多谷鷄多鸛多鵁鶄有青鶴有靈鷄有鶺鴒有鴻有鷿似鴨而小者有雕鳩有鶖多鳧多鷺有鷗翠

獸多獾多獐多兔多獺

鱗多鯉多鯽多鯿多鯖多鮊多鱒有鮰有鯮多鰱多鱤多鰷有鮎有鱨有鯔有鱧多黃骨多

鰻多鱔多鰍

介有龜多鱉有黿有鼉多螺多蚌多蝦

虫有蠶有蚇蠖多蛙有蝸牛有蚱蜢多蜻蜓多螢有科斗有蛇有莎雞有蛭多蚊

相如賦雲夢方九百里其南則平原廣澤登降陁靡案衍壇曼緣以大江限以巫山其高燥則生葴菥苞荔薜莎青薠其卑溼則生藏莨蒹葭東薔雕胡蓮藕菰蘆菴閭軒芋其中則有神龜蛟鼉瑇瑁鱉黿自今視之大抵同

也然沔水澤也故禽獸草木皆多水族其餘
率同他方不復備紀景陵多陸少水故其陸
産頗同於州而水族差少云

史氏曰沔地窪澤鍾故歲恒凶頻歉少穰故民
恒瘠然湖多易淤土曠易墾貪物旋給他方之
民萃焉而江之右為甚彊者侵産弱者就食故
客常浮於主然客無定籍而湖田又不稅畝故
有彊壯盈室而不入版圖阡陌徧野而不出租
粻者民丁口單寡田地汙萊則至於鬻妻子死

桎梏而不能免也傳曰不患寡而患不均此非
不均之甚乎夫天下無無籍之民亦無無稅之
田也今使客丁必登籍而服其常役則口增而
民徭之偏重可省也湖田必稅畝而修其常貢
則賦增而民租之積逋可殺也如是主不常貧
而客亦可以久富民不寡而力且均矣比者
詔令均田河南北皆便之沔之平衍猶中土也
獨不可均歟至於民數則其多寡歲非不覈也
而聚落日蕃盡爲逋數版圖日耗幾爲鬼録可

勝憾哉或謂民無兩籍地無兩賦客之系非不曰某郡縣也湖之租非不曰某河泊也不知既已樹桑梓開剷畝矣尚可泥於鄉土同於湖澤乎況彼籍易竄此籍易匿湖租常少田租常多變移生死規避重輕其弊豈一日之積哉夫無籍游民也無稅閒田也二者惟沔為多而其增其殺興利湔弊非良有司莫能調停矣

賛曰水衍陸饒地廣物豐客浮主瘠潦頻歲凶生齒耗數征榷困窮均財齊力弊剗利鍾食貨終

秩祀　　沔陽志十

先師廟見儒學景陵同

啓聖公祠見儒學景陵同

社稷壇在州北漕河地洿下迫民舍垣屋頹毀羊豕多踐其中莫之與禁也叙嘗言之州欲遷之未果

風雲雷雨山川壇在州南郭逾河垣屋亦毀所存惟樹木而已

景陵社稷壇在縣西北

風雲雷雨山川壇在縣南皆成化間知縣縮建今並毀弗

葺矣

城隍廟故在州西南兵燹廼遷東北洪武庚戌再遷于東有堂有東西序有重門天順辛巳知州立成化庚子理正德戊辰璋俱重修

景陵城隍廟在縣東南制如州而頗宏國初甲辰指揮琛建成化丙申知縣繼宗丙午縮弘治辛酉端募民倪俊次第修

郡厲壇在漕河北

景陵為邑厲壇在北郭

里社鄉厲壇並廢

名宦祠

鄉賢祠並見儒學景陵同

馬侯廟在州西北五里祀漢伏波將軍新息侯援廟之建無考按故志廟舍已久沔潦輒禱之洪武庚戌郡衛增修歲久頹正德間知州瀟重建瀟詩沔陽之水秋連天伏波祠前江可憐神來蛟龍幻風雨祭罷鳧鷖窺廟烟濤聲野色自今昔蠻鼓夷歌還歲年椒房薏苡不獨苦落日含悲迴舸船

景陵諸葛廟在上白湖村十有五里祀漢忠武侯亮廟廢已久正德間知州咸重建邑人訓導玘詩枉駕曾勞帝胄迎王師八陣不縱橫雄圖獨斷山河復疆土誰知鼎足成忠藎託孤天地鑒正旗討賊日星明可憐漢火將燼三

代遺才空渭營舉人鐸詩典復忠誠天未從登祠千載思重重憑誰檢點先生後還有何人是卧龍

以上俱載祀典其諸祠宇建自往昔民祀已久者亦列焉不經者置之

伏羲廟在縣五華山麓宋胡寅記古祭法之義有報而無祈非仁與知孰能與於此哉德莫盛於五帝而庖羲為首蓋三千餘歲于茲矣景陵廟祀未詳肇始考聖德之所建萬世依被而不能違則有民者亦何可而不祀耶昔司馬遷作本紀列黃帝顓辛堯舜五人焉其言曰孔子所告宰予儒者或不傳及春秋國語發明五帝德繫姓章矣書缺有間乃時時見於他說善乎宏人論曰判古者之昏當折衷於仲尼繫易歷叙制器致用兼濟生民者

獨稱羲農黃帝堯舜氏蓋以為五帝也而顓辛
無聞焉太史公所載特形容之虛語爾烏得與
羲農比哉豈遷自見於尚書之斷自唐堯而無
見於易之首稱庖羲歟故凡人論道義事一而折
衷於仲尼則無失者置仲尼而取史籍所載及
他說為據未有能臻其當也然則今羲為帝首
蓋祖諸仲尼耳謹按庖羲風姓生於成紀母曰
華胥推木德繼天而王號曰太昊都於宛丘河
中龍馬負圖帝乃則之畫八卦分三才通神明
之德類萬物之情以著開物成務之道龜為卜
著為筮時當洪荒人民睢于禽獸同居未知倫
理養生帝始推擇賢聖可共代天工者得金提
鳥明視黙紀通衆陽侯以為輔佐始有書契代
結繩之政建官分職以龍紀昭布天下統民治
事始教民稼穡儷皮為禮始教民作網罟佃
漁養馬牛羊豕狗雞充庖廚薦神祇在位百有
十年群生和洽各安其性民到于今蒙賴日用
之實非虛語也可謂盛德矣哉是宜載之祀典

昭其報於罔極矣嗚呼漢唐而後道術不明異端並作學士大夫昧於鬼神之情狀凡戕敗倫理耗斁斯人下俚淫祠巫覡所託以竊衣食者則相與推尊祗奉徼冀福利至於古先聖帝明王有功有德仁人義士扶世道民不可忘也則或湮沒而莫之承或文具而莫致其享郡邑長吏政教不善感傷和氣一有水旱蟲火之災顧沒沒然旅旅縮縮黃擎跽拜號謁諸偶像適會災變自止因即以為土木之賜禳禱之效日滋日述正理大壞後州焦侯惟正秉心純撫民惠在郡三歲人和年豐會紹興十二年合宮赦令詔長史修繕境內祠廟侯曰莫先於庖羲氏矣鳩工闢事肅給告成有尊報之誠心無希望之諂意廢幾於知古道憫俗失良二千石也乃推明帝德之本列號之正經史之是非使刻之堅珉以示來者

神農廟在五華山臨津門按二廟不詳其始故志以縣為風城伏羲

風姓也故祀之然則神農廟又何據乎胡明仲說不及此亦闕之也故志竟陵有古帝王之祀二然則所從來久矣

令尹子文廟在縣官城村華池 成化癸卯知縣縉重建縉記

景陵志載令尹子文廟在官城村之華池歲久垣屋頹圮饗祀遂廢縉來知縣事乃復搆堂而奠焉夫春秋仲運人物中襄較窮通而分物我者滔滔皆是惟子文為楚令尹三仕三已無喜慍色且必以舊政為新令尹告焉吾夫子所以許其忠也嗚呼若子文者其頹波中之砥柱者乎使後世之人聞其風而興起焉忠者勸不忠者懲是亦有功於名教也廟祀可已乎哉乃歌以祀之曰篴之流兮百折而東公之心兮三已而忠東流歸海兮忠心起千載之風

許珪詩

寒蕪一掃拜先生漫想高風合愴情山帶晚容圍故國樹將秋色繞方城鄉人歷祀酬忠蓋縣令重

修本正名絜酒得澆香火静滿庭遞莫亂鴉鳴

白起廟在縣白雲三汊口按史記起為秦將昭王二十九年起攻楚拔郢燒夷陵遂東至竟陵故立廟然起殺巳降不武之甚況秦為暴噬起實為之無功於竟陵不當祀也

劉先主廟在縣留駕河

關羽廟在州城隍廟東即廢行用庫郡人數葺焉香火最盛郡人以歲五月十三日為侯誕先期舁侯出周行坊市或入官民家各以牲醴祀亦甚為侯褻也元大德十一年廟災侯像獨完士民嘆異特當陽尹崔舉至沔目睹其事

景陵關羽廟在縣南城上國初甲辰指揮琛創久而毀弘治戊午知

縣端修以上三廟并武侯廟未詳祠祀之故按三國志先主長坂之敗斜趨漢津與羽船會得濟沔後因有赤壁之捷故今有留駕河况先主牧荊州亮羽皆留守茲土沔荊州地三公多戰亂之功故郡縣謹載稱云

鍾太守生祠在州滄浪為知州順立今廢

西廟在縣西五里故志洪武辛亥欽改景陵土地之神甲辰指揮蹤創弘治己未知縣端修其祀莫詳伊始欽改之說今亦無據縣官循襲每春秋必往成禮書之俟詳考也

老釋之宮非秩祀也然名卿顯士篇什存焉况其名稱亦有足為輿地之證者故附著之其廢

不存者不暇書也

寺州報恩在城東隅兵燹甲辰重建以僧義衆守之知州順詩復州東畔擁芳丘丘上層層起佛樓塔影連雲穿樹杪鐘聲和雨出城頭借閑慣聽三車說靜頻乘五馬遊何用更尋天竺去人間此地絕清幽知州立詩佛樓高聳郡城東丹閣交輝杳靄中像教傳燈明法界曇花垂綵散香風仰觀霄漢中天近俯視江流一派通幾度登臨歸路晚夕陽偏照上方紅學正順詩佛閣凌空起巍然聳白雲星辰高處近鐘磬下方聞塔影城頭出江流檻外分登臨堪寓目俯視對斜曛訓導經詩郡城東面漢江西大阜高連雉堞齊梵宇巍峩雙塔峻海天空闊萬山低良宵燈影衝牛斗清曉鐘聲度竹溪公暇登臨閒縱目白雲深處步丹梯郡人繆歷壽詩佛樓高矗矗石磴上迢迢地僻超仙境林深遠市朝雲霄堪睥睨風月可招邀幾度來登

詩凭闌興未消［知州瀌秋日登寺閣］珠閣晴雲層抱城上方鐘磬散雙清風塵荊北仍王粲留滯湖南又賈生遠浦漁歌催暝色空江木葉送潮聲逢迎幸不妨詩律潦倒那堪適宦情［九日寺閣二首］可惟青蓮宇黃花出檻齊芳尊秋雨畔飛閣楚雲西地迴諸天合江寒一雁低不知歸計晚乘月漫留題［又］昔有龍山飲今稱鶯嶺遊菊依僧磬發杯為閣雲留霧雨江增色風塵客散愁悠然憶山簡醉擬習池秋［寺閣觀雪］諸天縹緲掛星垣落日蒼涼下石門騎馬偶來吟細雪鳴鐘無那送黃昏粥雲故故當窓白凍鵲雙雙入寺喧高處祇憐風景絕不知梅發漢江村［南兵部員外前知州徐咸詩］高閣春風倚晝闌江城二月尚餘寒荊南舊客驚重到河上新題喜乍看檀板清尊情疊疊綠波芳草路漫漫漫漫逢人浪說棠陰好慚愧當年亦漫官

廣福在黃蓬山故志唐乾道元年馬祖道一禪師創後燬以僧昌濬守之

宋固在宋興村有古

鐘一瀌詩逶迤沙口村歲宴過其地前有脩竹林云是本固寺不知何年建堂殿今頹棄下馬覺荒跡石碑震雷碎獨存宋遺鐘上鑄景定字塔院牛羊入朱龕鴿雀戲諸天金碧色剝落三之二曩時祈福人歲飢闃無至天寒野陰黑往來哭髑髏一僧寂無侶晝擁袈裟睡鉢塵恒苦飢徒抱西來意熒熒石蓮燈照我激清唄眺古反垂悲感廢非崇異空門啓真筌淨界參玄譬慈航那可援一葦海得攸濟呼僧吹法螺一醒諸緣累

圓通 在沙湖東岸

縣

龍蓋 在西西湖中洲古名西塔後更廣教今名西禪有陸羽茶井成化丙申知縣繼宗重建

乾明 在東湖中洲今名東禪甲辰指揮李琛立

廣福 在西北故志秦符堅寇襄陽朱序母張夫人躬率女丁築城以捍陰祝曰苟城不陷生靈獲全願捨景陵田園為佛寺是夕水暴至秦兵奔潰因建此院今廢

白龍 在五華山瀌詩白龍寺倚五華山寺下長江拖

楚關上界藤蘿低日月暮天鐘磬送潺湲石壇
黯黯歸雲宿松閣寘宜獨鶴還可尋老僧閒說
法異花塴在縣南三十里有池產白蓮其
水杳落人間 **聖臺** 實圓而黑又春無蛙鳴人以爲
異舉人本潔詩白蓮異實
元無種青草同春不叶蛙
觀州
玄妙 在城東南即陳友諒故居甲辰間指揮沈友仁改爲觀以歐陽昇泰主之
僉事顧英詩霜飛橋板已營寒冷落南隅壓宇
單訟寡庭前風俗美步臨城上對湖寬木搖園
畝桃無種葉脫墻隈竹幾竿將茗朝朝來道士
顏公魯遇碧霞丹知州咸壇祀齋宿次前齣椰
眼春風釀小寒齋居夜坐怯衣單至誠有感神
應格公務郗銷心自寬鏡裏流年雙老鬢海東
歸夢一漁竿緲緲惟有仙壇月照見胸前一寸
丹知州瀌登玉皇閣詩神仙傳說好樓居平地
風花迥不如繞棟雲霞丹鼎氣滿龕龍虎碧紋
書何時飛舄乘鳧去此日憑闌放鶴初黃石赤

示 天巳 二

松逢未上江天驟首對樵漁【中秋翫月】晴麗中秋今古掃石壇月色迥光輝作升丹閣淨烟細徐轉仙廊清漏微狂客泛杯叢桂落道人吹笛白鸞飛霓裳坐聽雲中曲爛醉碧桃忘夜歸

紫陽在城北一名天慶故志內有古鐘一神龍間所鑄及有三色檜宋徽宗嘗賜金字牌上刻曰圖進神靈老柏【張耒詩】亭亭古柏不知年天寶以前耆舊傳今廢

靈福在黃蓬村宋淳熙間道士張子岩建

仙真在求興村元祐間道士許元禮建

縣丹臺在縣治西

仙真在五華山

八卦在縣東三里石人汊故志昔傳有劉真人于此飛昇有飛昇臺煉丹井浴蠶池鄉人昔日育蠶必將蠶種于池中浴之其蠶無不成者今廢

史氏曰夫祀國之大事故恤民必先敬神然非

秩而祀者淫也祀而不致其敬者瀆也淫祀不經瀆神不享詩曰神罔時怨神罔時恫言敬也故祭則受福

贊曰明禋秩祀弗淫弗瀆俎豆牲鏞儀文徒繹享以克誠受茲遐福

秩祀

儒學　沔陽志十一

舊沔陽府學在城西南元季燬于兵遂遷東北元史〔至正壬辰乙未倪文俊先後陷沔陽丁酉陳友諒復起至甲辰始平中更兵燹凡十三年其燬與遷莫考其時〔鄢幕戴用瑞瑞蓮記〕易炳文家沔陽孔廟後丁未瑞蓮開今蓮池在遷所又部使者吳彤跋洪武元年秋七月行部沔陽謁孔子廟詣講席所坐堂茅茨三間則改元之前已遷〕矣國初洪武二年己酉詔建學五年壬子四月明年癸丑二月始相繼創廟學故志五年創大成殿廊廡戟門東西二齋六年創明倫堂射圃膳堂庫廚創者名缺九年丙辰定為州學明年丁巳知州金德復增飾之學正袁時習撰宮圖序國初詔設學于時攸

守剪蓄翳備草壞堦一土茅茨數楹備師生具文書而已公至使鈇者完狹而卑者廣皆土者崇阜茅茨者庇甎甓樸者黝漆煩囂者亢爽所至無不殫慮以濟其美也宣德正統

景泰天順間知州李震鄒煊鍾順鄭立相繼修

學正張順記自生民以來未有盛於孔子也廟豈可已乎廟在州東北洪武壬子夏四月改創大成殿及戟門廊廡禋祀愈遠廟將頹圯天順改元湖臬僉憲西蜀王宣胡灝按臨勸掌魚澤官出白金百餘兩命知州鍾順重起鍾去未落成順初來適同知潞州王達督工作典知州姚江鄭立繼來與達偕會完飾楹畫棁堵門窓以禦風雨覆華蓋以障塵埃堅榱楄斗拱皆刻刓堊絢煥自孔子四配十子皆朱金龍圖之兩廡戟門如其飾臺基廉級卑者崇之塌者葺之至於堂齋號房庖湢廚庫皆新之立與達知所本而重孔子者也故勸之石且為後之知所本者勸

焉

成化九年癸巳知州呂文復修禮部尚書華容黎淳記吾道在天下無古今之異性以失其人而遂廢得其人而復興爾故物不終剝剝以繼之以復復事既有損受之以益況庠序設教以繼往聖開來學尤事之至大者乎誠得其人以至於復而加益矣此吾道所以有待於人也沔陽建州在大江之北平地千里中衍廣原環水作城外豬下浸舊學僻居州治西南國朝洪武初徙至東北據其勝也然而地不踰四五畝屋不滿三十楹上漏旁穿潢流草長神罔降靈歷若干年茲幸邦家觀文成化比數年來知州延津呂侯文同知雲浩化孫侯景安州判餘姚邵侯性三君繼至咸務興學協謀戮力乃開拓疆土加學舍掄選美材整葺殿堂櫺星闢門孔曼且碩葺備器既完且堅泮水舊惟土塔今則琢石砌為高梁兩廡舊皆木主今皆摶土塑成體貌邵侯又以聖像暨四配十哲顏容剝落捐材選匠塗繪金碧彰施

志之十一　儒學　二

五色各為木龕奉之吾道生輝益以亨通賢才得所遂皆盛顯真為復還而加益矣癸巳二月郡侯告于黎淳曰是當有記垂示後來淳聞古之坐者兩膝著地因反其蹠而坐于其上漢文翁興學蜀郡有石刻聖賢坐者皆伸兩足蓋後人爲之也古之祀神臨祭設位題木作主無有像設孔孟時釋奠皆然雖祭五祀亦惟以人爲尸耳今聖賢祭祀各有像設亦後人爲之也雖然聖靈在天享于克誠學者求道貴乎主敬人能以誠敬爲務而躬行心得焉則聖人如親見矣豈必專求諸形像哉斯舉也師得以安其位弟子得以安其業厥功甚偉而吾提督學校按察副使蕭田嚴公又於諸君子有教條焉默識經書勸講學也崇尚廉恥勸脩德也諸君子克遵其教條加誠敬之功則凡冠冕鄉閭登奎天榜皆所必得進而立功名顯道德尚何難哉幸相與勗之其後知州孫衍彭萬里皆修至正德十年

甲戌知州徐咸以其敝隘迺撤而新之規摹弘敞視昔倍矣祭酒魯鐸記惟正德甲戌汭大夫徐子正大新廟學越二年績用成三年學政興六年士人林達取上第楚由是益名有材初大夫以壬申秋蒞汭及期月政平民服乃遂鋭意於教嘗臨學顧瞻興嗟曰教人學孔子此其瞻依居養之地可令如是乎哉夫人域中惟道爲至大道傳於聖人古今惟孔子爲至大是道也自天地之昆蟲草木所以各得自成一是賴之是故爲政者似之猶理假之猶興充純用之者乎戾之而禍敗叛之而死亡棄之而覆絕么麼不能離呼吸不得間者也我國家舉帝王之政其修身養上取人純用是道汭爲江漢閒大州聖化所先而廟與學庳閫淺隘且日以敝其與夫道畧不爲稱如養士與道何既而謀之府庚無儲也或曰待諸大夫曰事常廢於待即待之有潸爲輸運者乎遂捐俸爲金若干登役

書曰我姑覆贊之效也四境感激義生富民相與語於野大賈相與語於市曰吾屬小人各得其所大夫政理之由也大夫之政孔子之道之由也不賴是能皆有今日邪今大夫爲道謀至俸不爲倉吾屬守廩寔藏賄相視如秦越可今日飲江漢水以長我乎於是皆化所居競相舉助後至則訾嫚以爲恥旬日白金輸公籤以千數計凡木石黝丹髹堊傭募皆取足焉舊貫不仍新址崇作乃命工師傑圖式以示敎事者期極於弘壯工徒胥勸效職事事故成功不爽其素廟自大成殿以下爲楹凡四十有五學自明倫堂以下爲間凡七十有一殿高七丈有五尺堂高不及殿二丈而兩廡重門齋號官署門庖各稱焉其戟門爲楹六如殿數重等威也景賢祠齋宿所附於兩廡便從事也既乃據坊爲三表署其東曰儲俊西曰啓文又西近通衢者特曰學宮別里巷也是役也公不紀費民不知勞其材顛堅其治必精工蓋非爲計於目前者豈

棟巋然遥見城表觀諸外若仰山行其下若履水生師交賀作氣增志騣駸而向道君子曰居肆成事之喻夫豈誣哉故居是邦樂有賢大夫也大夫既郎駕部學訓導徐璉從諸生王誾邵凱凡數輩走東嶠請記於予予病未能即應歲必一二至蓋五六年於茲矣而請益勤人之思大夫不能忘可知也予媿焉勉爲記之時嘉靖改元壬午五月也大夫名咸海鹽人在正德辛未進士中最以文名其政一發於誠未嘗務皎皎之譽州自稱治典學寔其所先謂爲謀道其民亦知言矣哉十一年丙子知州李濂嘉靖五年丙戌按察副使劉士元十年辛卯知州曾儲俱修

文廟中爲大成殿兩翼爲東西廡判官權曉各繕墻副使士元甃甓墀前爲戟門門之前爲泮池爲橋知州濂闢甃又

前為靈星門嘉靖辛卯更曰先師廟門曰廟
門迺易封號撤像而題以木主　制也
神廚在東廡旁神庫　宰牲房知州立建在東廡地今俱廢
啓聖公祠在敬一亭後
敬一亭在明倫堂後中立　御製敬一碑又東西二亭立　御註五箴碑以上祠亭俱知州儲奎詔建
名宦祠在東廡下祀唐狄仁傑宋王琪唐介万俟湜施子仁元白景亮俞述祖　本朝王孟鍾順董傑張弘宜
鄉賢祠在西廡下祀唐陸羽宋陳嘉言　本朝賡信歐陽謙二祠舊為一在東廡上名

景賢祠知州咸記沔陽為湖藩大郡名宦鄉賢代有其人漢以前誌籍無考自唐宋至我　國朝所宜奉祀者總未立祠誠一缺典也正德七年壬申咸承乏守沔顧學宫傾圮撤舊鼎新固已謹常祀矣因仰先哲諸公名不可泯遂於大成殿旁東廡之後搆祠三間以為崇本之所如狄公仁傑之惠愛以至王公琪之循良唐公介之善政公清如方侯公湜均役如白公景亮守城死節者施公子仁俞公述祖也廉勤撫字者王公孟鍾公順也此則名宦之表表者又如陸公羽之清修高潔陳公嘉言之罵賊自殞虞公信之吏畏民懷此則鄉賢之表表者雖世代不同禄位不等出處不一而其賢名政績皆足以垂範將來夫有功德善行於兹土者當食兹土之報此固祀典之不容已而亦有司之所當留意者也故特表而出之祠以牲牢俾得享血食于永久廢後之作宦於沔與生於沔者知所景慕而因以興起焉耳然名宦書本州職銜者取其

一時仕於此也於鄉賢書士書他省職銜者以其生在於此也又各稱名不諱者欲人之易知也間循有爵秩之進功業之隆不止在於沔者昭布簡册茲不復贅云嘉靖丙戌副使士元以其不當在廡上遂改東西廡下而分祀焉然在戟門之内亦嫌於從祀矣别構之可也

學署廟後為明倫堂堂東為興詩齋舊曰率性西為立禮齋舊曰修道為成樂齋舊曰立教俱嘉靖丙戌學正鍫改堂後為茂林門鍫建副使士元病其後卑窪命培士為尊經閣基成而遷任未果為齋宿所知州儲逵東西各一舊在西廡上知州濂齋居詩繹紗圍燭夜堂深冲默端居露氣侵千古文章今夕重萬古血食後王心齋壇花發瑶琴畔石鼓苔斑碧殿陰城闕漏殘星斗亂朱弦清廟聽遺音西為學正宅舊在東知州咸改學正桂林士元學舍感懷

詩獨對孤燈竟不眠客懷如縷轉淒然縶籠野鶴翎猶短伏櫪驊騮足尚淹鄧禹笑人渾齒冷賈生憂國苦情偏開窗欲驗陰晴候風雨蕭蕭漫九天

學正王鎣修公署記

學堂之右為學正衙入門委巷及重門曠如也中有堂堂左右有耳房堂後為寢室凡三間寢之東為廚房西則因已卯之回祿尚缺嘉靖癸未冬予來此前守海陵儲公爲予修之未幾予奉檄走岳之襄之郧不遑寧居乙酉夏水潦灌城周圍土牆則傾然頹矣是冬十月予至自郢適郡守天台陳公下車見之戚然命義官李相董工重修焉先時蓋郡之水由衙後出淫雨則基址沒而牆易壞土茲乃疏溝于外退而築堤視地高二尺許上實土為牆延袤計四十餘丈歲盡而土功畢復於寢西建屋二間峙廚房為東西舍堂西建屋三間爲讀書所前後凡十二楹丙戌春方將落之適有當道之命再為郢渚之遊逮夏五歸因以碧若芹香雨四大字扁於堂堂東半畝則編竹

為籬以種蔬，就中鑿井及泉，泠然，名曰灌蔬泉。西即新所建者。時文宗少華公得古祠於鄂，製六琴，其一曰德音，錫予，載歸。予嘗几坐其中，鼓琴膝上鼓之，因以琴名名亭。亭之左藏書，曰書房；右貯文卷，曰卷房。書房之左有小門通後隙地，歲久蕪穢，雜以瓦礫，隱以蛙黽，不可以處。是日課小豎悉芟平之，塞則瀹而為池，池中有臺，環臺插以楊柳，傍陰可風，憑高可眺，方石可奕，臨水可釣，遂命之為四可臺。東西橫獨木為橋，下平園環百餘步，雜蒔花木，客至開門延入，長嘯散步，四時芬芳不絕，乃題其額曰收春洞天。夫一區之宅，仗二公而后修，經三載而后成，殆非偶然者。近世士夫視公宇為傳舍，去之日僅存四壁，方諸魯叔孫之館何如也？因援筆預以自戒。嗚呼！予既知所戒，後之人因予而增其不逮，是又後人遺後人也。

訓導宅三

一在興詩齋後，一在立禮齋後（今廢），一在西廡後（知州

儲建東廡後為徑坊曰義路禮門學正鎣更曰躍龍門登雲路
東為書舍凡三十楹前為儀門又前為學門門舊狹知州順購地廣之知州萬里修至是重建
門外兩坊東曰儲俊西曰啓文俱廢西之南通衢中有坊曰學宮俱知州咸建
饌堂知州立建在堂東廢倉咸建在堂西廢芹香亭知州衍建在泮池東廢
射圃射亭俱知州萬里建舊在儀門東今為書舍地
五清書屋在訓導宅胡經扁今未知孰是知州順詩柳營樹色文廟高深近武營樹陰濃護讀書亭柳將雲氣沾琴几竹引煙光上畫屏曉日捲簾衣袂綠午風開戶簡編青亭中獨坐人如玉書日英髦聽講經芹泮槐陰誰種雙槐近講堂繁陰低覆讀書房綠雲遶榻青氈

濕紅日當階翠蓋凉枝接柳營烟露重根蟠岸沼歲時長房中獨坐人如玉笑看花黄舉子忙湖波漾碧荷花遶湖隄竹遶園湖光寒湛讀書軒碧天倒映渾無迹活水長流自有源仙鷺聚來翔鳳沼神魚養就躍龍門軒中獨坐人如玉擬沐洪波浩蕩恩庭草交翠芳草春來色自佳拖簾青入讀書齋風前披拂臨池水雨後龍葱覆石階翠帶繞欄長綰結綠細鋪地巧安排齋中獨坐人如玉生意津津滿素懷

竹屋 在舊學正宅林士元扁今廢郡人同知邵福請君子之居君子居居中清景畫難如月光透户白一生室草色侵簾綠映書俗眼幾何能識此考亭脉正開渠來年向學君憐我願傍春風坐月餘

德音亭 在學正宅王鏊扁嘉靖丙戌提學副使許宗魯以琴貺鏊故名

琴鶴居 在訓導宅胡恪扁

瑞蓮池 在堂後即易炳文故居呉元年産瑞蓮人以炳文孝感所致故名後正德癸酉復産學正王鏊學志呉元年

瑞蓮乃建學之兆至是新堤在堂後鑿築再見兆明年鼎建之祥植楊五百本

景陵學在城西南隅一統志宋建元至治三年癸亥縣尹李名缺修明年泰定改元甲子達魯花赤阿里名缺續修孫康記景陵古復州也芹宮固闕屬之垣墉榱桷黝堊丹雘敝蠹殆盡至治三載令尹李侯主簿靳將仕郎改絃易轍大有徑庭大聖殿甃甓楩楠表裏一致廊廡戟門罅漏畢補先聖先喆與夫從祀繪塑咸新功鳩秩序迨夫泰定改元達魯花赤阿里承事下車之始首以興學校為務創建靈星列而為三左右宮墻百堵皆作又欲整泮池復舊貫立加號碑創預宮亭工起而未畢繼而令尹承務郎主簿將仕郎宰是邑協而成之是以為今之勝觀也尹簿名俱缺順帝至元四年戊寅沔陽郡守安伯寧監

縣忽都不花教諭傅珪重建蜀郡景坤厚記我皇元文教經宇內凡幅員數萬里荒陬僻壤無不建學況景陵爲內地其可使學宮陊剝蕪穢不稱聖人之居乎舊制弗葺縣文學荊門傅珪始至則惕然曰有如夫子廟學不治罰其可辭則藏廩單惡弗克究于時沔陽郡守汲郡安侯朝列行部勸課蒐剔隱伏得豪右規占乾沒學田者八九人皆股栗喪魄披露首服視舊租入增爲石者一千四百有奇繼以監縣忽都不花承事教諭傅珪則鳩工度材晨夜展力悉究而一新之有嚴其門有覺其堂齋廡翼翼庖廩殖殖學宮有次師生有饍先是禮器朽蠹迺範銅而鑄之爲器一百五十餘件計肇工于至元三年十一月至元四年戊寅秋七月十有九日壬子訖工元季兵燹洪武三年庚戌因故址建名缺正統十年丙寅知縣顧行教諭翁善復建

國子司業毘陵趙琬記景陵故有學元季毀于兵燹　聖朝更化首詔郡縣興學于時有司因其舊址創爲廟學之制而庠西弗稱識者病焉歷數十年迄未有能改作之者正統初知縣安福楊季安縣丞懷遠姚壽主簿東昌喬著相與謀議各捐俸貲爲倡而欲輒新之未幾李安以秩滿壽以致仕相繼去七年夏今知縣江陰顧行至祇謁廟庭巡省學舍顧瞻徘徊慨然以爲已任而著復力贊其成行乃屬其邑之耆老張從道李通葦告以興廢舉墜之意莫不相勸而趍爲之肇工於八年秋至十年冬而後訖工廟自大成殿東西兩廡學自明倫堂時習日新兩齋咸倍于舊觀以至大成靈星之門神庫宰牲之所與夫會饌庖廩之舍亦皆具完而規模宏深靚奥上足以妥先師之神下足以居來學之士巋然壯觀百里蓋郢沔間諸州縣所未有也今年夏行考績于京師以其成功來告而請記惟古帝王之治天下必設庠序學校申以孝弟

導之仁義所以扶植三綱五常之道漢唐以來率而行之則治違而廢之則否明效大驗不可誣也 國家自 祖宗之世修明學校之政 皇帝登大寶以來學校益脩幸太學以惇五常教化之源設憲臣以領郡邑學校之事增科額以廣求賢取士之方由是古先帝王聲教之所未暨者皆建學立師幅員萬里黌舍相望何其盛也況景陵近地號為名邑而涵濡 列聖之化之久者哉宜乎長邑者急所先務而寮寀者老協心共成其美如此繼令學於斯者仰承 朝廷德意與邑大夫父老用心之勤益加琢磨淬礪將見賢才輩出而風俗淳美實自茲始矣可不勉歟 成化十六年庚子知縣姜綰撤而新焉姑記以俟

翰林侍讀寧都董越記 景陵南楚屬邑舊有學在邑治西肇建於宋 國朝洪武中始一修之百二十年來絃誦之聲鮮聞而廟學之制不能不日就頹圮且所當有容未備焉成化庚子弋

陽美侯來爲是邑，始至虔謁先聖，退即講堂聽諸生講畢，頓瞻慨歎，以爲廢不以脩，制不以備，於令皆莫辭責。顧民信未孚，欲速不可，爰次第事事。又明年，政化日益孚洽，且歲屆大和，公私廩庾有餘積，撙節分有之力易爲，乃差裁詢謀，鳩材庀費，一撤其舊而維新之。其施工則先講堂，次齋館，次門廡，而師生次舍、庖廩、燕息、垣墉塗塈悉具，獨大成殿以工力繁重最後爲。其位置則殿居中，堂居後，門前重，二廡兩齋翼殿堂左右，北止基嚮背皆仍舊，而甍宇堅緻則過之。惟是神道自北而南，抵靈星門，舊爲泮水，春秋牲幣之入必沿池左右乃通，牲殺盥滌凡無定所，事神之道既缺，觀德之說益不聞，稽於典禮，皆有未合。侯首命陶甓爲橋以通，縱以相度，得戟門之左爲神廚，闢櫺星迤南爲射圃，令廟學規制煥乎其瞻，春秋俎豆夙戒不瀆，月吉夕矣，比於禮樂，其嗣有舉無咸正罔缺如此。侯誠知所先務而善爲政者矣。頒教學條約，仍就荀

簡欲一置不問得乎於是復相與講求加以振作景陵之學制教令遂而踰厥初蓋自經始至訖工為歲已三費財與力不知云幾而民無一告勞者以役使有時經畫有法而一不干厲于哀故也既而學之師生咸樂其成特走書幣徵予為記惟先王道化不行於天下後世久矣所幸教養之具尚存而有志於學道愛人者猶得賴以持循使民復見先王維持世道之大而簿書期會鞭笞敲扑乃盡易弦誦之聲視學舍有無漫不加意或議謀有及輒誘曰勞民傷財至有教不立而化不行循不能反本而一歸罪於民俗於乎為政而昧所先後若此吾不知其於先王所謂建國君民國家稽古設學君子化民成俗之意果盡合否　耶問有合而不盡然以多不適於施設緩急事未集而悠談隨之斯二者皆未為有得視佚斯舉吾以不知其何如也抑所謂其必由學乃能致歟不然學校作興亦令常職何昔無而今乃有耶侯名綍字玉卿成化

戊戌進士，博洽多識，廉正有爲，學道愛人。具見爲政，若設義學、復義河、谷有碑，平市價、便倉庾皆有記。又其優於仕所爲者，景陵弦誦之聲，令方大振，而侯之遺可遠，其在茲云。弘治十二年己未，知縣周端增修之。禮部左侍郎盱江張昇記：景陵故有學，在邑治西南偏，自宋元時已然，我朝仍之。歲久欲頹，正統丙寅知縣顧行暨教諭翁嘉修之；成化甲辰知縣姜綰又新之。歲二紀有半，棟宇又敝圮，壁盡毀。高郵周君端以鄉進士來領縣事，撤舊而更治之。大成殿、櫺星門、齋堂、饌舍俱以次成；諸生號房計七十有八間，兩廡計十有四間，戟門又三間，皆拓地以廣之。像設祭器飾造重新，僅朞而有成。成之歲，弘治庚申九月也。

正德十三年戊寅，知縣李東修。嘉靖改元壬午，復修。七年戊子，州判官任佃；十年辛卯，州同知歐賢署

縣京山丞金文默俱修

文廟中為大成殿知縣東重建東西為廡前為戟門俱知縣端建前為泮池為橋又前為靈星門判官佃重建

嘉靖十年辛卯更定如制

神厨　神庫　宰牲房舊俱在戟門東今廢

啓聖公祠在文廟東

敬一亭在明倫堂後同知賢奉詔建

名宦祠在戟門東祀國朝楊季安張繼宗姜綰周端左輔陳良王翁善

鄉賢祠在戟門西祀唐陸羽宋張迪張徽陳嘉言國朝胡儼黄鍾李慶呂中廖訓王

榆何玘郭軒楊清魯鐸按二祠舊在縣東西知縣縉鄉賢記古之所謂鄉先生者以其可爲法於鄉人鄉人法之既没而猶祀之示不忘也景陵爲南楚名邑代不乏人如張徽累官郡符公清超邁張迪爲諫議大夫有争臣風烈李慶官至兩浙鹽運使清白至死無以治喪事是皆古人所謂鄉先生者鄉人乃不知祀之而使之淪没無聞况望其能法之乎爲鄉人之主而不能舉之宜亦莫辭其責縉下車以來間閲縣乘而知之乃率鄉人度地於縣治之西爲祠而祀之庶幾諸先生千載如生繼自今鄉人拜瞻祠下寧不有感於心曰彼亦景陵人予何爲而不如之思而法之駸駸不已而不使專美於前則是祠之立亦未必無補於風教也

學署廟後爲明倫堂知縣縉重建堂東爲率性齋西爲存誠齋俱知縣東重建廟東爲庫堂後爲教諭宅齋

東為訓導宅二凡其前為徑門曰育賢又前為學門育賢弁學門舊在廟西縣丞文默改

饌堂在堂東今廢書舍在西廡後凡五十六楹今廢

射圃射亭在學西知縣縉建提學副使薛綱記景陵縣射圃在學宮之南蓋公學之隙地也為之也成化壬寅秋九月縣尹姜君縉銳志復古乃經營措置建亭三間于其上高敞壯麗命材必以杉楠甃地必以巨石視其志豈徇目前淺近計哉將貽數百年之遠圖也一日縉率諸生來求予記縉之言曰射圃有亭矣每公暇得與諸生演習其間目熟神怡恍若身遊乎孔氏之門而親與七十子相揖讓環橋門而觀聽者亦皆咨嗟咏嘆以為千載奇遇也射畢而退儀音影響悠然乎人之耳目而和敬之心逐物萌芽官由是法古以為治士由是學古

以入官農夫野叟亦由是而讓畔讓路焉禮之
有益於人倫如此跡其廢興雖由乎人究其大
原實根乎天而斯亭斯圃恐不能與之相悠久
也一或亭傾圃廢灌莽丘墟虛文且無矣況實
禮乎此紹所以惓惓焉頼有紀述以勸諸堅珉
以垂諸永遠庶幾乎古人存羊識禮之意也鳴
呼予之文豈足以存禮哉予嘗讀儀禮禮記而
知其說古者卿大夫士之射也必先行鄉飲酒
之禮所以明長幼教和敬觀所謂拜至拜洗拜
觶則敬之至也請安請坐旅爵則和之至也卿
敬之教行長幼之序明身易以修家易以齊而
國而天下易以治平也故孔子曰吾觀於鄉而
知王道易易然者此也惜乎後世去古寖遠俗
尚苟簡習者憚煩觀者笑迂先王之 制自是
不可復矣予奉 璽書督學湖湘稽古制之不
復予責也下車首 圖是舉聞西江廉齋吳先生
講明是禮以教郡縣諸生予遣兩生從九江學
之以歸即命有司築亭圃置射器俾諸生朔望

肆習之不二年間亭圃已有鞠爲蔬圃者其肆習可知已是豈古禮不宜於今哉特以憚煩笑迂者衆用心如姜君縮者少耳使得如縮者數十輩分布湖南郡縣亭圃必不蔬圃也飲射必不虛文也何患古禮不可復哉夫謂之復古非徒持弓執爵復其儀文之末而已亦推復其禮樂之源求如縮之所謂和敬之心逐物萌芽斯至矣斯無負先王制禮之意矣此汉諸生之責也予與縮之望也縮字王卿江西弋陽人由進士擢今官莅政精敏爲湖南諸邑稱首而作射圃亭特其一事云正德間縣丞杜倫增洗墨池之半爲之建亭并水閣今并廢

學倉在學東南城下知縣縮建今廢

青錢亭在洗墨池中教諭李鄭讀書所

洗墨池在教諭宅西舊爲道觀所没正德間教諭張昱復之

社學州四在城二在鄉二俱廢縣八十七上白湖村十六下白湖村十七

雲潭村十六官城村十二方樂村十二南黄村九附城二在城三俱成化十七年知縣綰立

義學州一正德十三年知州滙割預備倉地創立內建東西二齋今廢縣一在義河北岸知縣綰立綰記景陵鄉學未立綰乃度城南地為學以教之教而非養則為師者不往教為弟子者又無以為禮而來學與無學何異耶故賦官地之墨若干以輸於學師則月支米一石歲給銀十兩使教有專心弟子則貧富俱許來學而貧者給以楮墨使學有定志所以教而學者小學一書其要在於明倫其本在於敬身先之誦說以開其端責之踐履以究其實月考而歲視之間有俊秀者則升於庠以進乎脩已治人之道而收其成功自今以始為常規也然則斯學之立雖不能彷彿於古使若富若貧咸得以學亦庶幾乎義焉耳因扁曰義學

南湖書院故志在州學宋建以奉武成王及狄梁公張太中今莫考其地然宋復州

治景陵則州學亦當在其處也

夢野臺書院 在縣東門內祭酒鐸讀書處故太師李東陽扁 已有圖

皀洲草堂 芳秀亭 大椿洞 俱在書院內鐸記敝廬之東鄰有地焉由委巷隆然深入城中自平地視之高丈許其上有古臺自其地斬之又高丈許臺曰夢野志謂於此登望可盡雲夢之野故名臺東下為平地稍南漸下而瀦水以其在委巷又其半甚下故靜且野而易致予緣病得請買而治之以為休養之所於臺之西為屋數楹兒輩及族子弟讀書其中閣老西涯翁題為夢野臺書院於臺東平地植花木以其色與開之後先相間蓋終歲未有一日不見花者又鑿水築而垣之以為池池頗曲故以磬名之林中向池為草亭吳東湖中丞扁曰芳秀芳言花木秀言池水也池中有洲如皀而皀又常栖止故名曰

鳧洲作草堂其上堂名遂亦因之堂西有紅梅
下覆釣石做李賀詩意名紅雪磯洲之南有磯
樹間日午陰貴其蔭也洲北復有小洲曰中臺
樹冬青梧梓以桃杏夾之下對平石可據而坐
日奕也又其北復爲小池界以甬而橋其中橋
東西分種紅白蓮將漁大池登草堂則小舟東
西通焉舟貯以屋水立池東北隅古臺之東徊
地勢爲闌行松竹間凡數折而下延躚出池上
菰蒲蘋蓼芙蓉楊柳魚鳧水蟲色色不種畜而
有盡具江湖之體而微耳日未下舂則臺周竹
樹便復蔽蔚池水皆陰矯首西望不得延路忽
不知其非山林也予病廢幸從　聖明得歸息
歸就水土雖未即愈已可無憂倘每風日晴美
扶杖起行藥時復陟降倦則倚樹而立藉草而
坐間聞好鳥語取琴弄膝上和之或從童子釣
池上月至則泛舟緣鳧洲泊蓮渚烹鮮舟中屆
碧筒以自飲兒輩時以楚聲歌遠游佐之醉輒
就草堂卧歸不歸皆得臨池宜蔬近畦宜魚客

卒至水陸味具不待謀諸婦可留也自書院以
東別設坦鋪凡予入則童子反扃焉人莫敢呼
雖呼亦復不聞故池臺林亭諸處自為一區總
名曰已有園扁則吾友景前溪所題也蓋吾材
類樗而今復病是加之朽也樗而朽益無所用
之無用則無所屬無所屬吾其屬吾矣吾吾屬
吾園始為吾有也苟藥物能吾扶憊使吾不樂
已有園前賦粵昔余有茲園兮首宦路而違棄
中罹疾而獲請兮逮蕪穢而復治羈鞅人過我
兮謂茲豈應於無名名余園曰已有兮人終老
而依憑緊池臺之微具兮別亭茇以為區惟卉
木之敷華兮紛色異而氣殊既素積以皜夜兮
亦朱殷而赭曙或步屧乎其中兮或庥蔭於其
下叶音戶寘名藕而為嶋兮天寔縱夫洛花惟
譜牒之有稽兮悉吾園以為家嘉樹沃其成列
兮夫豈獨善夫橘柚果實苟宜於土性兮肯新
登而時奏挹池泉以溉余蔬兮雜繁翳而蒔芳
草擷芙蓉於清波兮闚潛魚之在藻泓輕舟於

磬渚兮艤鳧洲之草堂據紅雪午陰之磯兮信
釣縷以相羊取甜慈弄之儕賢兮撫楸枰而試奕
驚鳴琴於石几兮按古調以自懌田父相求於
松陰兮語桑麻之有養吾令荊布任筥兮菹菘
葵而就餉神魂知由所稔兮夢翰蒓與戉均豈
忘情於　堯舜之從兮身羸憊而無困心營營
以謨報兮將遠事乎芹縣顛閻閭之相與戮力
兮還齊虞之舊俗朝余纏九畹之蘭兮夕紉夫
湘之蕙蘅荀衆服之胥余同兮勞采擷其靡懈
余陵夢野之臺兮望辰極乎　帝鄉扁大椿之
洞兮忽塵宇之相忘安余分之所遇兮求余心
之所好苟沒世其有稱兮奚外身而有校松柏
森其蒙鬱兮篁筀比而若櫛衛檻闌以東下兮
徇坡陛而周折杳窱出而忽曠虛兮臨明池之
可監儼山林之盡歷兮獲江湖之泛泛取於城
市之在兮亦殊無而僅有叶音倚惟余心之所
會兮擬咫尺於千里時鼓枻於清漣兮騰群魚
之待飼睨庳觳之安巢兮鳴禽兢而將子江梅

侈朱英兮皎安榴之素蕚兮亘月桂之長春兮倏
舜華之開落坐碧梧之貞陰兮隕佳粒於巾舄
披蘘桂而襲芬兮服冠裳其無斁豫章勃焉峻
達兮勢滋務於干霄杉檜盧橘枝相樛兮若求
友於後凋善飛潛之得時兮悅草本之向榮遭
聖哲之在上兮宜萬類之咸成惟中林之宜夏
兮逃大暑而迅免夫何霽夜之棹游兮適非遐
而若遠念煙霄之朋舊兮渺邈闊其難即眷林
丘之親故兮繼晰暮而相及人生恒亦有涯兮
嗟世事之莫盡往者幸於免咎兮來者可誘於
余分亂曰謂余衣之既渝製芰荷而重成兮謂
余歲之可卒資杞菊之充盈兮冀形逸而神閒
予茲賴以未齡兮苟松喬之不余誣從王軼以
迴凌兮已有園後賦甦墻山人既賦已有園其
客取讀而意少之曰身退未忘愛　君里居猶
思善俗先生之志由是見矣然自餘亦園之便
槩人事物情不已畧乎碩請益而博我也山人
曰唯唯吾園惟舊叶音九身苟違是即非吾有

寄鄉亦善名吾圃是宜今以為少（叶音守）也夫吾之經始斯圃以無池為未備維彼南鄰有此窪地深未足以泳魚淺猶妨於種藝為彼有也殆於無庸茲余售之若其有俟於是濾濁為清擁泥成土高為埭而下泓收兩得於一舉爾迺板築訖園池連列嘉樹澄寒泉鬱煙靄涵雲天皇洲中衡草堂數椽亭峙芳秀洞開大椿（叶音）川夢野古基臺前開花塢直開小堂皆自為所磯有午陰亦有紅雪投竿伸縮可自怡悅曲陰蕭座中臺石枰親求友覔乃有奕聲其木則有松杉柏栝樟梓椿櫧梧桐女貞檵榖桑榆紫練烏柏楓柳并閭楊分黃白之類柳有檉欅之殊大氏材美者其就用為晚質苦者免蠹蝕之虞其果則有梅桃李杏棗梨黃柑含桃萬律色美味甘若榴皺而錦裂吳橘小而金攢棚桃批膚乃及核盧橘歷暑而經寒柿垂疑柑栗房如芡仁杏貴岬而其實仍遲棗蔭靡妨而其功易睨若乃昨實既繁今華必跦（叶音私）雖實不類謬謂

敬枝滿盈之理此亦可思其花則天香國色寔
惟牡丹富貴容與其誰可干豈無芍藥堪稱後
進謂為近侍詎曰確論海棠之清掌擬仙骨藁
桂之馨宜生月窟國風詠諼草佛書稱薝蔔芙
蓉拒霜於杪秋薔薇貢露聞裔域葵能自衛鞠
有隱德水仙金鳳質並輕盈玉簪珠花肖皆至
極梅紅評泰榴白稱稀山茶以蓝奇得名寶珠
石竹惟態雅合繡宮衣田荊宜其兄弟周蓮狀
為君子其在名教是有取爾其諸山丹水紅碧
桃紫薇以色為名素馨茉莉夜合端香以氣而
稱長春彌歲自足喜金錢夜落苦可矜然聞薺
彭於殤等鶴於鵬其蔬則有芥白葵莧蘆菔菠
薐芥蘭獲種嶺表山藥移根上中春開剪韭秋
高析葱豆多豇匾瓜備西東瓠校五石為差劣
芋譬蹲鴟而狀同蔗宜渴啖葛舒釀毒蒿葅逼
於萵蘆致用資梅乃伏其草則蘸蘭蕙畦留夷
蔣杜蘅蓺江離攬薜荔貫歲秬芭苴清柔用凡
代紙蘋白蓼丹可寄秋思若夫菲芴蕛芺夫須

燕麥細瑣衆多不可蒸滅夫既務滋其所植又
何皇卹於雜簡竹自爲類匪草匪木晴雨具宜
風霜從肅筆善徹以爲林篁好聚而成簇鳳尾
背九苞之形瀟湘表二女之哭地分雖局於城
中風致何謝乎淇澳其樂則羊蹄枸杞牛膝雞
蘇地髓當陸山蘄首烏馬烏葶藶香附蒲公黃
檗萊蔘半夏排風葳靈閒於苓耳薏苡網於牽
牛蘹香芎藭用蕪食味剪金百合名在花疇豈
天實問夫貧病使服餌免於購求相彼林表衆
鳥所家百舌初鳴桃杏始花偶曲檻而隱几樂
視聽之清華商庚鳴而流麗戴鵀降而矜奢鳩
驚從鷇鵲鶺避辰鸛能禹步鵞解符塵慈烏哺
而訓孝布穀嗽而勸民鶻鳩垂橐育子天鳳蓋
藏備貧練鴒鶱而珍羽罕儷累燕巢而惡烏避
鄰翠鷁頻池時捕小鮮羽毛特異焚身之愆鶯
覓蜊習波沫沙眠屬玉下止友于雙鴛適惟鸂
之玄裳視常失寵張自爲翼而旁舒斂則臆尾
而下鸂鶺鴒就參捷於鸐語惟彼尾雀黠鼠之

佀餘如白脛蠙喙之屬皆猥屑而不勝舉若訓狐之格格宵鳴則食於蝙乎是取也其魚則鯇鯖色辨鰐鰷隊同鯉鰿類蕃魴白理鬆鱒秩序以行游龜惟守以為功若黃頰鱅鱧之流善吞噫者固所不蓄而不良於池活者亦非所庸蟲豸之性異厥所秉蜂出其衙致花有等衆釀負於附臂上供戴於首領關稽其歸情者有徵維蟻之穴爲彼國都偵邏四馳徼委是圖相值首聚若耦語於塗報方鄉道空壘出徒可以人而眯忠義之謨大蝶名胡玄衣纁裳轂予被褊髡稍鐵旁忽蝙立而羽化又栩栩其飛揚粉蝶敗疏其化類是但肖所生小大之異果木之蕃藏悴奚故小蜂遺子蝕實蠹樹蜥蜴致雨維龍繫祖蘜蜂禍暴是宜名虎蠡斯有取於錫類之繁青裂廢亦為織作之補天馬之子藥名螵蛸有黍為勝收諸其條水蟲化蜻蛉而遠舉糞蟲脫汗穢而蟬蜩則斯亦善變者矣若蝠之利於蚊蚋是宜其以晝為宵也非茲花木禽魚果蔬藥

草在吾園者吾皆自有而樂之若夫登臺極眺風物會心又誰吾禁而奪之也客駭而笑曰極先生始者之約鄙人尚恐其自遺所有今也之博不已復攬人之有矣乎山人曰嘻能有吾有則一膜九垠豈徒濠濮在想魚鳥親人而已哉客曰前言戲之耳先生之言小極么麼遠入無涘小人得其事君子得其理鄙人寡識謹受教矣

鐸詩 叅買東鄰宇囊空舊俸金廛闠分巷陌城裏得山林重樹陰全合虛堂暑不侵一基臺臨百里野色上吾琴都御史吳廷舉芳秀亭詩夢野臺前內翰家週遭活水四耑花水經花譜編摩就不管人間有歲華謝病歸來日幾年手栽花木侶平泉生生色色亭中滿掌握春風造化權世外炎風朔雪多閒門不出柰公何誰知芳秀亭中老也有堯夫十二窩花紅艸翠日巡闌水膩魚肥弄釣竿借問古賢誰比例孔門點也是同官鄧御史泰金次韻池上亭臺楚外家滿蹊膏雨遍栽花深紅淺白知多少一任春風領物

華主人幽興自年年園有芳菲沼有泉半醉半
醒吟嘯裡不知塵世尚機權點瑟回琴樂事多
亭前光景近如何風清月白閒來往咲指乾坤
是藕窩點筆題詩倚石欄繞亭脩竹自千竿東
山一枕聊成夢天下蒼生望起官重遊次韻秋
晚重過祭酒家碧梧森竦耿黃花知君靜得乾
坤趣一笑相看鬢未華風物撩人歲轉多江鄉
秋興渺無何深深竹徑連椿洞試把行藏問邵
窩一段風情領百年天教城市有林泉閒花埜
草皆生意調變潛移造化權半畝方塘護鴨欄
午陰磯畔弄綸竿一觴一咏
輸君樂風月由來不屬官

史氏曰夫士民之望也學郡之望也敦學教士
先其望也故民從之而郡日以治沔陽景陵之
學往皆顯盛中更衰弛自諸君子相繼倡之士

至今益趨於盛郡邑稱治焉導化之不可已也如是

贊曰穆穆黌序誾誾弦歌髦儁優游道德觀摩化興江漢教重菁莪禮樂弘敷郡國是毗

儒學

沔陽志十二

兵戎

國初甲辰春三月以指揮同知吳復鎮沔陽明年改鎮安陸冬十月以指揮同知沈友仁代之始繕城置衛又明年仁去夏六月以千戶申立闢明守之改沔陽守禦千戶所洪武癸丑秋九月遷立指揮僉事更所為指揮使司以故沔陽府為之署在今州東北領經歷司一鎮撫司一千戶所四曰左曰右曰中曰前百戶所三十六置官無定員今存者指揮使八人同知六人僉

事六人經歷一人知事一人千戶正七人副二十八人鎮撫衛二人所各一人百戶四十三人吏令史二人典吏二人鎮撫司吏一人千戶所各一人百戶所軍吏三十六人總旗七十二人小旗三百六十人軍三千六百人

指揮使宋宣景陵人景泰任政成化任廣成化任譜嘉靖任王武臨淮人成化任鉞成化任愷弘治任柱正德任洪庠臨淮人弘治任恩正德任謝鳳寧鄉人弘治任珮正德任遷都指揮僉事沈機郢城人弘治任陶軏華亭人王德任高崧江陰人正德任遷都指揮僉事永嘉靖任葉

茂襄陽人正德任
同知高瑢商城人洪武任昂宣德任昺正統任實景泰任順成化
任明弘治任葉宣茂祖永樂任銘宣德任勛景泰任李瑭含山
人天順任昇成化任俊成化任蘭正德任高本崧祖洪武任遷都指揮僉
事敞正統任武天順玉成化任遷都指揮僉事張諒當塗人成化任
銘弘治任蘭嘉靖任謝宣鳳父天順任孟洪定遠人成化任鉞弘治
任達正德任王命潛山人正德任彭良羅田人嘉靖任
僉事傳稷息縣人洪武任建息人洪武任瑛永樂任珉正統任榮
天順任鎮成化任鉞成化任顯正德任洪玘庫祖洪武任泰永樂

任鍾成化任賀勉固始人宣德任通宣德任恩成化任捷正德任

張林詩父宣德任陶昱軏祖天順任倫成化任張信連城人天順任

忠成化任鉞成化任王璧命祖正統任輅景泰任閏成化任遷都指

揮僉事忠弘治任孟伯郢洪祖洪武任昇洪武任晃洪武任晟

永樂任純宣德任林綱沔陽人天順任通弘治任繆俊無錫人成化任

武成化任選正德任王鑌江都人成化任偉成化任綬嘉靖任李

瓚信陽人正德任張綱西安人正德任翀嘉靖任蕭貫吳江人正德任經

歷吳明珠莆田人嘉靖任知事商純涇陽人嘉靖任

鎮撫苗宗臨淮人洪武任榮洪武任靖永樂任端宣德任晟正統任

任澍天順任鳳弘治任春正德任夏彬巢人永樂任勝宣德任
泰景泰任健成化任玉正德任
左千戶正張恕懷遠人洪武任興永樂任文永樂任銘宣德任
沉景泰任軏成化任廉正德任副趙凱盱眙人洪武任瓊永樂任
雄成化任仁輔嘉靖任嚴敬吳人永樂任佐景泰任震成化
璦弘治任王義六合人宣德任杲宣德任通成化任經嘉靖任韓
鵬紹興人正統任鳳成化任勇正德任錢鎮鳳陽人成化任雄弘治任
疇嘉靖任李芳定遠人成化任俸弘治任俌正德任陳廣盱眙人成
化任澤弘治任惠正德任鎮撫李榮懿人洪武任貴宣德任雄

志十二 兵戎 三

正統任　晟成化任　金正德任　百戶　邵清無錫人成化任　武弘治任
福正德任　沆瀚指揮機子正德任　王清溧陽人成化任　選弘治任　勇
正德任　覃斌江陵人洪武任　忠宣德任　瑛景泰任　通弘治任　銓正德
任　司廣武進人成化任　縉成化任　昂弘治任　王忠江都人洪武任　福
正統任　宣天順任　俊弘治任　鑑嘉靖任　蔣榮龍陽人成化任　昱弘治
任　通正德任　王瑄崑山人成化任　雄弘治任　盛正德任　朱忠無錫
人成化任　澄成化任　嵩正德任　周肅江都人宣德任　衍景泰任　清弘治
任　鸞正德任　阮矩滁人永樂任　玘宣德任　鋐成化任　溥成化任
王顯泰人永樂任　鑑宣德任　銘正統任　銓弘治任　現嘉靖任

右千戶正蕭璦吳江人指揮貴父成化任鸞貴子嘉靖任王寧景陵
人弘治任訓弘治任副黃壽滁人洪武任鍾永樂任春景泰任琮
弘治任詔嘉靖任邵斌鳳陽人景泰任聰天順任榮成化任輔弘治
任棠正德任李興林人宣德任貴正統任宏景泰任春弘治任
童鑑衡陽人成化任愷正德任李斌泰人成化任雄弘治任沂正德
任蕭輔江夏人成化任震成化任通正德任鎮撫陳雲禮青田
人洪武任善永樂任晟宣德任英天順任玉弘治任文嘉靖任百
戶馮京五臨川人洪武任詔永樂任龍正統任膳成化任瑄正德
任鄧貴巢人正統任勝天順任泰成化任愷嘉靖任祝茂泰典

人永樂任晟宣德任倫天順任明正德任唐宣桃源人天順任鑑弘治
任瑞弘治任山嘉靖任沙懋慈利人成化任祿弘治任周鑑辰人
永樂任源景泰任澄天順任忠正德任張天福上元人洪武任順
永樂任文亮永樂任翰宣德任懷成化任茂弘治任陶通定遠
人永樂任春宣德任暹正統任貴天順任鎮正德任楊旺桃源人天
順任惠成化任榮弘治任田福江陵人洪武任文貴洪武任廣永樂
任昇成化任宏正德任賓正德任許諒歙人洪武任旺洪武
俊洪武任璁正統任洪景泰任旲弘治任文正德任楊震桃源
人正統任譙景泰任洪成化任王弘治任茂正德任趙俊桃源人成

化任雄弘治任韓興江都人洪武任勛正統任盛成化任鋼嘉靖任
中千戶正邵興滕人宣德任英正統任通弘治任鳳弘治任
金嘉靖任熊[redacted]人任[redacted]任深正德任林廣沔陽人指
揮綱父景泰任梧指揮通子嘉靖任副趙昇江都人永樂任斌正統任聰
成化任爵嘉靖任王宏唐人洪武任禮宣德任珊成化任斌弘治
任鍾敬王沙人正統任鏞天順任秀弘治任朱亮丹徒人永樂任文
永樂任廣正統任旻成化任伸弘治任杭貴儀真人弘治任松正德
任陳禮窄城人成化任勳弘治任憲嘉靖任董貴德人樂任永英
正統任俊成化任傑成化任李端錢塘人成化任震弘治任鵬正德

任胡清武昌人永樂任錦正統任福景泰任震成化任順正德任
沈鉞江都人天順任傑弘治任
鎮撫
黃禿滿帖木兒遼陽人洪武任宣宣德任忠天順任銘成化任貴弘治任
百戶
王成懷遠人洪武任恭洪武任敬洪武任臯正統任鉞成化任信正德任能得滁人洪武任寧洪武任勝宣德任禎景泰任諒成化任俊弘治任戚真亳人洪武任能宣德任鑑景泰任珊弘治任雄正德任
王銘合肥人洪武任玹天順任通成化任清弘治任深弘治任沈宏江都人永樂任諒正統任副千戶鉞父坤正德任副千戶傑子方得滁人洪武任源洪武任鎮永樂任輿宣德任輔成化任俊成化任欽嘉靖

任王禮廬人永樂任詮景泰任鉞弘治任漢正德任韓鎮臨淮人正統任
鑑天順任通弘治任童剛羅田人嘉靖任蕭華安陸人弘治任閆弘治
任王良定遠人洪武任賓永樂任倫正統任澄弘治任瑞嘉靖
前千戶正表慶泗水人宣德任俊成化任英弘治任副劉靖
懷遠人洪武任端宣德任昇天順任興成化任斌正德任涂興長汀
人宣德任福正統任瑄景泰任鎮弘治任昂正德任高富壽春人成
化任晟成化任鎮弘治任王禎湘鄉人洪武任瑛正統任俊成化任
廣弘治任朱觀廣濟人洪武任英正統任晟天順任勇成化任韓
聰亳人景泰任瑄弘治任容弘治任憲正德任魏錦順人正統任

福成化任武弘治任祿弘治任鎮撫鄧謙臨川人洪武任誠永樂任

任昂正統任綱成化任珊弘治任百戶劉海虹人永樂任芳

宣德任鎮成化任琳弘治任還嘉靖任徐俊潁人永樂任景正統

任鑑成化任琰正德任曹琳夏邑人洪武任楫宣德任安景泰任

王弘治任鳳正德任趙顯盱眙人永樂任信宣德任忠景泰任志

成化任宣弘治任勇正德任王愷泗州人弘治任

毛騰天長人正德任

屯田九百四十八頃屯粮歲萬一千三百七十

六石六斗八升四合屯卒千九百有十人今屯者不

過三之一
歲運漕舟九十七艘官軍千五十人
戍清浪官軍二百七十有二人靈川百七十人
靖州二百五十人竹林茅埠東江腦三哨哨各
五十人俱碁而代竹林茅埠皆沔地成化間盜發謇中書撫按奏立東江腦漢陽地嘉靖初立棄我守彼非便也

民兵里十人凡里四十有二合四百有二十人
茲以例裁其半東江腦歲四十人
景陵百七十有五人

演武場衛一在東郭正德丁卯指揮葉茂重建州一在衛場之東嘉靖甲申吏目羅廷贊修縣一在北門外

巡檢司二茅鎮沙鎮景陵一乾鎮司置弓兵五十人舟二

器仗軍器局在州東南工七十有二人每五歲令指揮一人掌之每季所造有函凡四十有胄凡十有弧矢凡弧四十弦八十矢一千二百有刃凡四十有銃鎗凡銃箭四百鎗四十有盾凡二十畢則貯之州以備用正德壬申新降式增減少異至嘉靖壬午仍舊

史氏曰沔也叅襄郢抱荆鄂雖處僻野亦用武國也地素庳每岷嶓水溢直接洞庭四通八達無復捍衛禦城瀕河善圯巋然陂澤間初無險隘可守也范成大曰自石首至魯洑自魯洑入沌其港僅過運河兩岸皆蘆荻支港皆通小湖故為盜區客舟非結伴不可行由是言之可虞者不必水溢也胡文定曰欲固上流必保漢沔今民兵脆弱又素無教養不識戰鬬所恃者衛爾然衛卒舊四千人承平日久法禁疏闊寖易死

戶已十七八今所餘纔千人爾百戶一舊所部百人今多或三十人少或二三人而已行伍耗斁莫此為甚而轉漕輸戍歲幾二千人官旗迫於督責則索餘丁補之家或數男子無不服役於官至有闔門被甲冑在編伍者矣屯田雖設率以付老弱妻孥既不能執耒秉鋤又不能具牛種則佃之他人否則棄為汙萊故田日蕪廩日不足而士日以敝城孤軍寡莫之與守識者悼焉敘往聞之湖南諸衛初亦嘗漕京師後以

限洞庭蠲之而併其數於湖北是代之漕也至于戍則彼不一分焉何耶沔界襄鄧風氣近中州而靈川清浪靖州之戍遠在蠻徼中土冐霧雨觸瘴癘多駢首死其所可賡非特鋒鏑也正德己卯靈川師旋死者太半旅魂遙歸哭聲徧野敘所覩見故士憚遠役多道亡比至巳十逸三四驅疑畏之衆犯間關之險帥單寡之卒備禁驁之虜彼不爲益此適爲損殊未見其便也然戍之歸也踵未及息或轉而爲漕漕之歸也

舟未及艤或又更而為戍故士或不識妻孥不窺田廬倉庾空乏月支不繼師起衆動輒須稱貸少者逾百多者逾千故沔之卒盡歸於漕戍而漕戍之困今若累瘕積癰不可以一日支也湖南地接谿峒風氣相近且其人習虜情通鄉道是不便於漕寔便於戍也夫漕有海運洞庭於海一杯盂爾舟檣之警非猛於蠻夷波濤之激非毒於瘴癘彼且以險免况險於此者乎今湖北之漕冒大江之險蹈千里之危其勢不啻

洞庭也是亦可以兩免乎是故瀕山者可戍無漕瀕江者可漕無戍各因其宜也頃者議欲分戍於湖南而併漕於湖北如淮徐歸顓之例斯實通權達變補敝扶墜之策顧言者未力聞者未覈卒未施行深慮長計者采用其說匪直轉漕之便抑亦闔郡防禦之資上游保障之利也

贊曰茫茫澤國民稀土衍徒旅耗斁城郭小褊漕戍既繁儲偫復鮮居安慮危處近籌遠補敝扶墜保此人險

兵戎

秩官列傳　　　　沔陽志十三

晉李陽，成帝時守竟陵。咸和三年，從陶侃、庾亮破蘇峻於石頭。六年，拔石虎將郭敬所陷新野。及亮鎮武昌，使毛寶、樊峻戍邾城，虎惡之，以夔安為大都督，帥李農、張貉等五萬人寇荊、揚北鄙，二萬騎攻邾城。咸康五年九月，貉陷邾城，寶、峻死之。安進據胡亭，寇江夏、義陽，將軍黃冲、太守鄭進皆降。于趙安進圍石城，陽拒戰，破之，斬首五千餘級，安乃退。

鄧遐字應遠陳郡人平南將軍嶽之子也勇力絶人號為名將哀帝隆和元年守竟陵燕呂護攻洛陽桓温遣遐及北中郎將庾希帥舟師三千人守之後守襄陽沔水中有蛟常為人害遐拔劍入水蛟繞其足遐揮劍截蛟數段而出卒贈廬陵太守

羅崇海西公時守竟陵太和二年夏四月燕慕容塵寇竟陵崇擊破之又南陽督護趙弘趙億據宛城降燕崇與荊州刺史桓豁攻宛拔之留

兵戍宛而還

桓石虔小字鎮惡譙國龍亢人征西大將軍開府豁之子也有才幹趫捷絕倫簡文帝時袁真以壽陽叛石虔以寧遠將軍南頓太守帥諸將攻之剋其南偏又擊苻堅將王鑒于石橋獲馬五百匹除竟陵太守以父憂去職尋而苻堅又寇淮南詔曰石虔文武器幹御戎有方古人絕哭金革弗避況在餘哀豈得辭事可授奮威將軍南平太守尋進冠軍將軍苻堅荊州刺史梁

戍襄陽太守閻震率衆入寇竟陵石虔與弟石民拒之賊阻溆水屯管城石虔設計夜渡水旣濟賊始覺力戰破之進剋管城擒震斬首七千級俘獲萬人馬數百匹牛羊千頭具裝鎧三百領戍以單騎走保襄陽石虔復領河東太守進據樊城逐堅兗州刺史張崇納降二千家而還太元十三年卒追贈右將軍追論平閻震功進爵作塘侯

史氏曰石勒苻堅慕容暐并以黠胡雲擾中夏

憑陵繹騷闚我疆土陽遐崇虔先後奮臂挺鋒挫敵扼制驕虜時荆襄俱没而竟陵孤危卒免陸沉石城激水之捷尤烈烈在耳目豈非蹻蹻虎臣者耶

桓石秀石虔弟也幼有令名風韻秀徹博涉群書尤喜莊老常獨處一室簡於應接時人方之庾純甚爲簡文帝所重豁爲荆州請爲鷹揚將軍竟陵太守非其好也孝武初代叔父冲爲寧遠將軍江州刺史領鎮蠻護軍西陽太守鎮潯

陽

趙統孝武時守竟陵太元九年四月桓沖遣統攻襄陽荊州刺史桓石民復遣兵助之秦荊州刺史都貴犇魯陽

朱伺字仲文安陸人陶侃鎮荊州伺從侃討陳敏杜弢陳聲悉平之累遷廣威將軍領竟陵內史時王敦欲用從弟廙代侃爲荊州侃故將鄭攀馬儁等乞侃於敦敦不許攀等以侃始滅大賊人皆樂附又以廙忌戾難事謀兵拒之遂屯

結濆口遣使告伺伺外許之而稱疾不赴攀等遂進拒廣既而士衆疑阻復散還橫桑口欲入杜曾時朱軌趙誘李恒率衆將擊之攀等懼誅以司馬孫景造謀拒廣因斬之降軌等廣將西出遣長史劉浚留鎮揚口壘時杜曾請討第五猗於襄陽伺謂廣曰曾是猾賊外示西還以疑衆心欲誘引官軍使西然後兼道襲揚口宜大部分未可便西廣性矜厲自用兼以伺老怯難信遂西行曾等果馳還廣乃遣伺歸裁至壘

即為魯等所圍劉浚以壘北門危欲令伺守之或説浚云伺與鄭攀同者乃轉守南門賊知之攻其北門時鄭攀黨馬儁等亦來攻壘儁妻子先在壘内或請皮其面以示之伺曰殺其妻子未能解圍但益其怒耳乃止伺常所調弩忽嘌不發伺甚惡之及賊攻陷北門伺被傷退入船初浚開諸船底以木掩之名為船械伺既入賊舉鋋摘伺伺逆接得鋋反以摘賊賊走上船屋大喚云賊帥在此伺從船底沉行五十步乃免

遇醫療創小差杜曾遣說伺云馬儁等感卿恩妻孥得活盡以卿家外內百口付儁儁已盡心收視卿可來也伺荅曰賊無白首者今吾年六十餘不能復與卿作賊吾死當歸南妻子付汝乃還颱山時王廙與李桓杜曾相持累戰颱山下軍士數驚噉云賊欲至伺驚創而卒因葬颱山

史氏曰王敦左轉陶侃使從弟廙代之忌之也攀儁謀兵拒廙非惟不能留侃適以重敦之嫉

而成係之罪也何之不赴是矣揚口之敗智足以料之而卒捐所愛以死傳稱何有勇而不學亦諒直之士哉

魯軌雍州刺史魯宗之之子也安帝義熙十一年守竟陵初劉裕忌司馬休之起兵擊之休之勒兵拒焉宗之自疑不為裕所容與軌起兵應休之軌數擊殺裕將裕克江陵休之宗之俱北走軌留石城趙倫之沈子林復破之軌與休之等犇秦秦滅降于魏

南宋劉粹字道冲沛郡蕭人累功封灄陽縣男以憂去職高祖討司馬休之起粹為寧朔將軍竟陵太守統水軍入河後以佐命功改封建安縣侯卒贈安北將軍

劉道濟粹弟也初為車騎從事中郎元嘉三年討謝晦遣道濟與龍驤將軍沈敞之就粹自陸道向江陵粹以道濟行竟陵內史與敞之及南陽太守沈道興步騎至沙橋為晦司馬周超所敗後終振武將軍益州刺史

殷道鸞元嘉二年除竟陵内史時下詔討謝晦晦謀舉兵道鸞未之郡晦以爲諮議參軍以弟遯爲冠軍竟陵内史

趙伯符字潤遠下邳僮人也少好弓馬武帝時父倫之以安北將軍鎮襄陽伯符爲竟陵太守時竟陵蠻屢爲寇伯符征討悉破之由是有將帥之稱仕終護軍將軍丹陽尹謚曰肅

申謨魏郡魏人也世祖時與朱脩之守滑臺爲魏所没後得還元嘉中爲竟陵太守

孟宗嗣平昌安丘人祖懷玉封陽豐縣男父慧
熙嗣坐奪爵宗嗣爲竟陵太守
劉德願元嘉二十七年大舉北征詔以江夏王
義恭爲衆軍節度寧遠將軍竟陵太守南城縣
開國侯劉德願籍荆雍之勁攬羣師之鋭宜由
武關稜威震滲
薛安都河東汾陰人初以功封南鄉縣男孝建
元年討魯爽安都特爲左將軍遣守歷陽有功
遷輔國將軍竟陵内史世祖使沈慶之督統諸

軍慶之使安都追之及奐於小峴安都望見奐便躍馬大呼直往刺之應手而倒左右范雙斬奐首奐累世梟猛生習戰陳咸云萬人敵安都單騎直入斬之而反時人皆云關羽之斬顔良不過是也進爵為侯後謀逆死

陳懷真泰始二年爲竟陵郡丞時晉安王子勛僭位張興世與劉胡戰于錢溪胡走入汾衆稍散比至石城裁餘數騎懷真在竟陵聞胡往過率數十人斷道邀之胡人馬既疲自度不免因

隨懷真入城告渴與之酒胡飲畢引佩刀自刺不死斬首送京邑張興世弟僧産追胡未至石城數十里逢送胡首信將還竟陵殺懷真籍有其功郢州行事張沈僞竟陵太守丘景先聞敗變形逃走追擒伏誅

臧質字含文東莞莒人爲竟陵內史歷守三郡吏人便之後從劉義宣亂誅

周裴寬河東聞喜人保定元年出爲沔州刺史天和二年行復州事

齊劉懷珍字道玉平原人孝武中爲輔國將軍平胡中郎將徐州刺史後授寧朔將軍竟陵太守

曹景宗字子震新野人以膽勇聞頗愛史書每讀穰苴樂毅傳輒放卷歎息曰大丈夫當如是梁武爲雍州刺史景宗深自結附數請帝臨其宅時天下方亂帝亦厚加意焉表爲竟陵太守及帝起兵景宗聚衆并率五服內子弟三百人從軍帝至竟陵以景宗爲右衛將軍梁天監二

年封竟陵縣侯卒贈開府儀同三司諡曰壯史氏曰梁興景宗依日月末光賞茂通侯榮高列將配迹方邵勳勒鍾鼎冄亦風雲之感會也然景宗爲郢州鬻貨聚斂又躁動驕淫魏圍司州竟不時救爲任昉所彈豈純臣哉

房僧寄永元二年竟陵太守僧寄將還建康至郢梁武勑僧寄留守魯山除驍騎將軍

梁康絢字長明藍田人天監元年竟陵太守魏圍梁州刺史王珍國請救絢吕郡兵赴之魏軍

退

柳仲禮河東解人簡文時司州刺史湘東王繹與岳陽王詧爲敵詧求援於魏繹使仲禮鎮竟陵以圖詧及南陽圍急杜岸請救仲禮帥衆捨安陸竟陵郡守孫暠以郡降于魏仲禮乃使司馬康昭如竟陵討暠暠降仲禮命其將王叔孫爲竟陵太守而以輕兵師于漴頭將侵襄陽詧告急于魏魏遣楊忠援之仲禮敗没王叔孫因斬暠以竟陵降于魏

王僧辯字君才太原人太清中竟陵太守三年七月湘東王繹遣僧辯及信州刺史鮑泉擊湘州分給兵粮刻月就道僧辯以竟陵部下未盡至欲俟衆集然後行與衆入白繹求申期繹疑僧辯觀望按劍厲聲曰卿憚行拒命欲同賊今日惟有死耳因斫僧辯中其左髀悶絕久之方蘇即送獄泉震怖不敢言僧辯母徒行入謝自陳無訓繹意解賜以良藥故得不死尋出之因代鮑泉克湘州封長寧公卒平侯景之亂後陳

覇先襲之被殺長子顗承聖初位侍中魏剋江陵隨王琳入齊爲竟陵郡守齊遣王琳鎮壽春將圖江左及陳平淮南殺琳顗聞之出郡城南登高冢上號哭一慟而絕

李延壽曰僧辯風格秀舉有文武奇才而逢茲酷濫幾致顛覆幸全首領卒對奇功事人之道於斯爲得

張惠紹字德繼義陽人也少有武幹齊明帝時爲直閤出補竟陵橫桑戍主尋爲竟陵大守

唐李齊物玄宗天寶五年爲河南尹坐李林甫言朋黨貶竟陵太守見陸羽于伶人中異之授以詩後生子名復亦爲是郡太守周愿詩八十年前嘗剖陰竟陵太守公先人

陳璠復州長史初淮南將張瓌韓師德據復岳二州自署刺史時陳儒爲荊南節度瓌引兵入殺儒據荊南瓌滑州人勇暴而殘荊故將夷戮幾盡廣明三年宗權遣趙德諲連攻之城陷瓌死璠從瓌至江陵斷其首置囊中獻京師授

安州刺史

盧虔復州刺史

孟郊詩知音不韻俗獨立占古風忽掛觸邪冠遠逐南飛鴻蕭蕭太守章明明華轂躬高山無平路楚水有驚濤

崔訏復州刺史

昌黎韓愈序有地數百里趨走之吏自長史司馬以下數十人其祿足以仁其三族其朋友故舊樂乎心則一境之人喜不樂乎心則一境之人懼丈夫官至刺史亦榮矣雖然幽遠之小民其足跡未嘗至城邑苟有不得其所能自直於鄉里之吏者鮮矣況能自辯於縣吏乎能自辯於縣吏者鮮矣況能自辯於刺史之庭乎由是刺史有所不聞小民有所不宜賦有常而民產無恒水旱癘疫之不期民之豐約懸於州縣令不以言連師不以信民就窮而斂愈急吾見刺史之難爲也崔君爲復州其連師則于公崔君之仁足以蘇復

人于公之賢足以庸崔君有刺史之榮而無其難爲者將在於此乎愈嘗辱于公之知而舊游于崔君慶復人之將蒙其休澤也於是乎言

于延陵宣宗十二年授建州刺史以不職貶復州司馬

董元素咸通中刺復州開五華山石堰渠

五代晉吳巒開運元年以復州防禦使權知貝州事

漢王彥超臨清人漢初爲復州防禦使時宋太祖往依之不納後太祖登極建隆二年幸作坊

宴射酒酣顧彥超曰卿曩在復州朕往依卿何
不納我彥超降階頓首謝曰臣當時一刺史耳
勺水豈能容神龍耶使臣容陛下安有今日上
大笑而罷之

宋梁延嗣京兆長安人少事高季興頗見委任
歷事四帥人稱其忠藎繼冲之納土也延嗣亦
嘗勸之太祖嘉之開寶中授復州防禦使後因
郊禮自復州入朝太祖慰撫之曰使高氏不失
富貴尔之力也改濠州防禦

何文度紹興丁丑知復州得蘭亭石刻於民間國子祭酒南昌胡儼記定武蘭亭石刻鐫損天流帶右四字然又有肥瘦二本而鐫損者乃瘦本爲眞定武後復州以此本重模亦鐫損四字其字極瘦王順伯尤延之爭辯如聚訟然瘦本風韻竟勝又云復州裂本首六行斜裂第一行脩闕會字又永字與二行會字三行畢字四行脩字五行爲流二字六行弦字正當裂處十三行因字內改筆作小仲字十七行向之字差大二十五行視昔下二字作圈夫字上露初也字末行文字稍重乃景陵郡齋故物湮沒民間文度搜訪得之又云蘭亭諸本當以復州本爲勝次豫章本次劉無言本次北京本其他皆不及也

史氏曰吉水王佐云定武刻轉移至楊州而失宣德初何運使士英偶得之載歸金華獨復州

者失所在爾夫古人片藝之長莫不寶惜況右軍此帖號稱神助而定武復州之本又爲逼真文度搜得之遂致流播其賢於士英遠矣後有復得者尚存之亦一方之嘉玩也

張垌元符中知復州張耒詩風流家世仁人
後豈鄉歌謠楚俗傳

李森宣和時御史中丞時王黼秉政侍郎鄧之綱婢入黼第不出鄧聞於朝送臺考訐森以實聞且劾其罪翼日黜知復州

焦惟正紹興中知復州胡寅伏羲廟記惟正秉
心純撫民惠在郢二歲

人和年豐

張適道知復州（呂本中詩聞道復州賢太守只如前在武陵時相逢未説為州樂所至先傳喜雨詩）

謝悰字公定元祐中景陵主簿（黃廷堅詩謝公文章如虎豹至今斑斑在兒孫竟陵主簿極多聞薄事不理專討論潤松無心古須鬢亂天球不琢中粹温落筆塵沙百馬奔劇談風霆九河翻胷中恢疎無怨恩當官持廉且不煩吏民欺公亦可忍慎勿驚魚使河渾漢濱耆舊今誰存駟馬高蓋徒紛紛安知四海習鑿齒拄笏看度南山雲）

元安伯寧至正間沔陽府尹（傳與礪詩見提封下）

皇明許瑚字廷輔黃巖人貢士洪武初沔陽府

通判宋太史濂雲中辭序稱少以文名尤能挽
強命中國初起應鄉闈遂中第二通判沔
陽府其劇煩劇如庖丁解牛
恢恢乎投刃而有餘地矣

史氏曰諸公之政僅見於名賢之所稱述其詳不可考已錄之者備遺也

郝嵩絳人貢士正德初知沔陽九月致仕去抵家其兄止嵩於外取其牒視之知不以他歸始聽嵩入其家覘如此

張璡濟南人貢士弘治末沔陽判官狷介有守每出不受民一飯即飯之必償其直而後食嘗

行縣暮歸適城閉從者呼之璡曰此禁門也去宿叙從父家從父為具食璡覺遽起改宿於鄰比曉而入

李楫字濟之懷寧人進士正德十年以御史出判沔陽尋遷秦和知縣終貴州參議

任佃字象賢南充人進士嘉靖六年以御史出判沔陽未幾遷江陵知縣

袁時習字本初洪武十一年沔陽學正優於詞翰有清擲集百餘韻

辛榮鄱陽人永樂初沔陽訓導遷國子助教以學行轉提學僉事

徐驥字淑霽開化人弘熙時沔陽學正預修永樂大典選給事中以疾轉楚府伴讀

彭齎字尚彬南昌人儒士正統十年沔陽訓導善大字

林惟盛字培之新建人貢士景泰二年沔陽學正精地理易數嘗上疏請遷學不報遷鹽山知

縣

張順字弘裕錢塘人舉浙江第一天順元年沔陽學正善詩文草書所著有井觀慈庵西湖醉樵諸集

胡經字循綸安福人貢士景泰元年沔陽訓導優於文學善啓迪嘗修郡志三卷遷虹縣知縣

陳明字文顯懷安人貢士弘治初沔陽學正有學行屢典文衡秩滿致仕歸所著有易安集

林永茂長樂人監生弘治中沔陽訓導甫至即

奔喪時遇節竟不少需而歸

喬著冠縣人正統初景陵主簿有修學功

李東字元震番禺人貢士正德中知景陵時滂後城隍多圮東俱修之又修廟學遷興國知州

史氏曰璡廉而無為嵗到官未久校官時習而下其文足稱其教則余生也後莫之能詳矣

贊曰彬彬諸子弭節漢涯政教雖泯聲迹或遺爰摭散逸用備詢咨

秩官列傳

沔陽志十四

人物列傳上

春秋鬬穀女口反於音烏菟漢書作檡音徒字子文生於䢵初若敖娶於䢵生鬬伯比若敖卒從其母畜於䢵淫于䢵子之女生子文䢵夫人使棄諸夢中虎乳之䢵子田見之懼而歸夫人以告遂收之楚人謂乳穀謂虎於菟故名之而字子文為楚令尹自毀其家以紓楚國之難遂臧弦復伐隨取成而還子玉伐陳子文以為功使為令尹叔伯曰若國何曰吾以靖國也夫人有大功而無

責任其人能靖者與有幾楚子圍宋使子文治兵於睽終朝而畢不戮一人子玉復治兵於蔿終日而畢鞭七人貫三人耳國老皆賀蔿賈獨否曰子玉剛而無禮舉以敗國又何賀焉後卒敗於晉而死初子良（子文兄）生越椒子文曰必滅若敖氏矣殺之子良不可子文大慼將死泣曰若敖氏之鬼不其餒而臯滸之役竟以子越滅若敖氏箴尹克黃（子文孫）使齊而還王曰子文無後何以勸善使復其所

史氏曰：子文毀家紓國，委政讓功，子張所謂無喜慍色者也。然明於越椒而闇於得臣，故孔子許其忠而抑其仁與？

劉焉字君郎，江夏竟陵人也。漢魯恭王之後裔，章帝元和中徙封竟陵，支庶家焉。焉少仕州郡，以宗室拜中郎，後以師祝公喪去官。居陽城山，積學教授。舉賢良方正，辟司徒府，歷雒陽令、冀州刺史、南陽太守、宗正、太常。焉覩靈帝政治衰缺，王室多故，乃建議言：刺史、太守貨賂為官，割剥百姓以致離叛可選清名重臣以爲牧伯鎮安方夏焉乃求交阯牧欲避世難議未即行侍中廣漢董扶私謂焉曰京師將亂益州分野有天子氣焉聞扶言意更在益州會益州刺史郤儉賦斂煩擾謠言遠聞而并州殺刺史張益梁州殺刺史耿鄙焉謀得施出爲監軍使者領益州牧封陽城侯當收儉治罪扶亦求爲蜀郡西部屬國都尉及太倉令會巴西趙韙棄官俱隨焉是時凉州逆賊馬相趙祗等於綿竹縣自號

黄巾合聚疾疫之民一二日中得數千人先殺緜竹令李升吏民翕習合萬餘人便前破雒縣攻益州殺儉又到蜀郡犍為旬月之間破壞三郡相自稱天子衆以萬數州從事賈龍素領兵數百人在犍為東界攝歛吏民得千餘人攻相等數日破走州界清靜龍乃選吏卒迎焉焉徙治緜竹撫納離叛務行寬惠陰圖異計張魯母始以鬼道又有少容常時來焉家故焉遣魯為督義司馬住漢中斷絕谷閣殺害漢使焉上書

言米賊斷道不得復通又託他州殺州中豪強
王咸李權等十餘人以立威刑犍為太守任岐
及賈龍由此反攻焉焉擊殺岐龍焉意漸盛造
作乘輿車具千餘乘荊州牧劉表表上焉有似
子夏在西河疑聖人之論時焉子範為左中郎
將誕治書御史璋爲奉車都尉皆從獻帝在長
安惟小子別部司馬瑁素隨焉獻帝使璋曉諭
焉焉留璋不遣時征西將軍馬騰屯郡而反焉
及範與騰通謀引兵襲長安範謀泄奔槐里騰

敗退還涼州範應時見殺於是收誕行刑議郎河南龐羲與焉通家乃募將焉諸孫入蜀時焉被天火燒城車具蕩盡延及民家焉徙治成都既痛其子又感祅災興平元年癰疽發背而卒州大吏趙韙等貪璋溫仁共上璋為益州刺史詔書因以為監軍使者領益州牧以韙為征東中郎將率衆擊劉表

璋字季玉既襲焉位而張魯稍驕恣不承順璋璋殺魯母及弟遂為讎敵璋累遣龐羲等攻魯

所破魯部曲多在巴西故以義爲巴西太守領
兵禦魯後義與璋情好攜隙趙韙稱兵内向衆
散見殺皆由璋明斷少而外言入故也璋聞曹
公征荆州已定漢中遣河内陰溥致敬於曹公
加璋振威將軍兄瑁平寇將軍瑁狂疾物故璋
復遣别駕從事蜀郡張肅送叟兵三百人并雜
御物於曹公拜肅爲廣漢太守璋復遣别駕張
松詣曹公曹公時已定荆州走先主不復存録
松松以此怨會曹公軍不利於赤壁兼以疫死

松還疵毀曹公勸璋自絶因説璋曰劉豫州使君之肺腑可與交通璋皆然之遣法正連好先主尋又令正及孟達送兵數千助先主守禦正遂還後松復説璋曰今州中諸將龐羲李異等皆恃功驕豪欲有外意不得豫州則敵攻其外民攻其内必敗之道也璋又從之遣法正請先主璋主簿黄權陳其利害從事廣漢王累自倒縣於州門以諫璋一無所納勅在所供奉先主先主入境如歸先主至江州北由墊江水詣涪

去成都三千六十里是歲建安十六年也璋率步騎三萬餘人車乘帳幔精光曜日往就與會先主所將將士更相之適歡飲百餘日璋資給先主使討張魯然後分别明年先主至葭萌還兵南向所在皆克十九年進圍成都數十日城中尚有精兵三萬人穀帛支二年吏民咸欲死戰璋言父子在州二十餘年無恩德以加百姓攻戰三年肌膏草野者以璋故也何心能安遂開城出降群下莫不流涕先主遷璋于南郡公

安盡歸其財物故佩振威將軍印綬孫權殺關羽取荆州以璋為益州牧駐秭歸璋卒南中豪率雍闓據益郡反附於吳權復以璋子闡為益州刺史處交益界首丞相諸葛亮平南土闡還吳為御史中丞初璋長子循妻龐羲女也先主定蜀羲為左將軍司馬璋時從羲啓留循先主以為奉車中郎將是以璋二子之後分在吳蜀晉陳壽曰昔魏豹聞許負之言則納薄姬於室劉歆見圖讖之文則名字改易終於不免其身

而慶鍾二主此則神明不可虛要天命不可妄冀必然之驗也而劉焉聞董扶之辭則心存益士聽相者之言則求婚吳氏遽造輿服圖竊神器其惑甚矣璋才非人雄而據土亂世負乘致寇自然之理其見奪取非不幸也

史氏曰焉求牧交本以避世也一聞董扶之言輒萌異圖何其反也扶素負重名稱為儒宗至為焉計但以望氣為言其視隆中之說遠矣璋反復曹劉依違指使成都之圍兵強粟富而不

能一戰史稱璋闇弱信哉

宋張興世字文德竟陵竟陵人也本單名世太宗益為興世少時家貧南郡宗珍之為竟陵郡興世依之為客竟陵舊置軍府以補參軍督護不就白衣隨王玄謩伐蠻每戰輙有禽獲玄謩舊部曲諸將不及也甚奇之興世還都白太祖稱其膽力後隨世祖鎮尋陽以補南中參軍督護[redacted]討元凶隸柳元景為前鋒事定轉員外將軍[redacted]從隊南郡王義宣反又隨玄謩出梁山有

戰功除建平王宏中軍行參軍領長刀又隸西平王子尚為直衛坐從子尚入臺棄仗游走下獄免官復以白衣充直衛大明末除員外散騎侍郎仍除宣威將軍隨郡太守未行太宗即位四方反叛進興世號龍驤將軍領水軍距南賊於赭圻築二城於湖口僞龍驤將軍陳慶領舸於前爲游軍興世率龍驤將軍佼長生董凱之攻克二城因擊慶慶戰大敗投水死者數千人時臺軍據赭圻南賊屯誰尾相持久不決興世

建議曰賊據上流兵彊地勝我今雖相持有餘而制敵不足今若以兵數千潛出其上因險自固隨宜斷截使其首尾周遑進退疑沮中流一梗糧運自艱制賊之奇莫過於此沈攸之吳喜並贊其計時豫州刺史殷琰之據壽陽同逆為劉勔所攻南賊遣龐孟虬率軍助琰劉勔遣信求援甚急建安王休仁欲遣與世救之問沈攸之攸之曰孟虬蟻寇必無能為遣別將馬步數千足以相制若有意外且以江西餌之上流若

據不憂不殄與世之行是安危大機必不可輟乃遣段佛榮等援勔與世欲率所領直取大雪而軍旅未集不足分張會薛索兒平定太宗使張永以步騎五千留戍盱眙餘衆二萬人悉遣南討山陽又尋平徵阮佃夫所領諸軍悉還南伐衆軍大集乃分戰士七千配與世與世乃令輕舸泝流而上旋復回還一二日中輒復如此使賊不爲之備劉胡聞與世欲上笑之曰我尚不敢越彼下取揚州張與世何物人欲輕據我

上興世謂攸之等曰上流唯有錢谿可據地既
險要江又甚狹去大衆不遠應赴無難江有洄
[redacted]船下必來泊岸有橫浦可以藏船舸二三為
宜乃夜渡湖口至散頭因復回下疑之其夜四
更值風仍舉颿直前賊亦遣胡靈秀諸軍於東
岸相翼而上興世夕住景江浦宿賊亦不進夜
潛遣黄道標領七十舸徑據錢谿營立城柴明
旦興世與軍齊集停一宿劉胡自領水步二十
六軍平旦來攻將士欲迎擊之興世禁曰賊來

尚遠而氣盛[redacted]驟驟既力盡盛亦易衰此曹劌
之所以破齊也令將士不得妄動治城如故俄
而賊來轉近舫入洄洑興世乃命壽寂之任農
夫率壯士數百擊之衆軍相繼進胡於是敗走
斬級數百投水者甚衆胡收軍而下時興世城
壘未固司徒建安王休仁慮賊并力更攻錢谿
欲分其形勢命沈攸之吳喜交長生劉靈遺等
以皮艦二十攻賊濃湖苦戰連日斬獲千數是
日劉胡果率衆軍欲更攻興世未至錢谿數十

里袁頵以濃湖之急遽追之錢溪城柴由此得立賊連戰轉敗與世又遏其糧道尋陽遣運至南陵不敢下賊衆漸饑劉胡乃遣頵安北府司馬偽右軍沈仲玉領千人步取南陵迎接糧運仲玉至南陵領米三十萬斛錢布數十舫豎榜為城規欲突過行至貴口不敢進遣間信報胡令遣重軍援接與世壽寂之任農夫李安民等三千人至貴口擊之與仲玉相值交戰盡日仲玉走還頵營悉虜其資實賊衆大敗震胡棄軍

遁走顗仍亦奔散與世率軍追討與吳喜共平
江陵遷左軍將軍尋為督豫司二州南豫州[redacted]
郡諸軍事封作唐縣侯食邑千戶徵為游擊將
軍海道北伐假輔國將軍加節置佐無功而還
四年遷太子右衛率又以本官領驍騎將軍與
左衛將軍沈攸之參官置五年轉左衛將軍六
年中領軍劉勔當鎮廣陵與世權兼領軍秦豫
元年為持節督雍梁南北秦郢州之竟陵隨二
郡諸軍事冠軍將軍雍州刺史尋加寧蠻校尉

桂陽王休範反輿世遣軍赴朝廷未發而事平進號征虜將軍廢帝元徽三年徵為通直散騎常侍左衛將軍五年以疾病徙光祿大夫常侍如故順帝昇明二年卒時年五十九追贈本官輿世居臨沔水沔水自襄陽以下至于九江二千里中先無洲嶼輿世初生當其門前水中一旦忽生洲年年漸大及至輿世為方伯而洲上遂十餘頃父仲子由輿世致位給事輿世欲將往襄陽愛戀鄉里不肯去嘗謂輿世我雖田舍

老公樂聞鼓角可送一部行田時吹之興世素恭謹畏法憲譬之曰此是太子鼓角非田舍老公所吹興世欲拜墓仲子謂曰汝衛從太多先人必當驚怖興世減撤而後行興世子欣業當嗣封會齊受禪國除

梁沈約曰兵固詭道勝在用奇當二帝爭雄天人之分未決南北連兵相阨而不得進者半歲矣蓋乃趙壁拔幟之機官度潛師之日至於鵲浦投戈實興世用奇力也建旆垂組豈徒然哉

史氏曰鷄頭之戰晝勝筭摧彊鋒固作唐之奇也然久秉軍旅之寄歷事猜昏之主能以功名自終且復慶施厥嗣洲嶼之生豈真有意哉

黄回竟陵郡軍人也出身充郡府雜役稍至傳教臧質爲郡轉齋帥及去職將回自隨質爲雍州回復爲齋帥質討元凶回隨從有功免軍戶質在江州擢領白直隊主隨質於梁山敗走向豫章爲臺軍主謝承祖所録付江州作部遇赦得[redacted]回因下都於宣陽門與人相打詐稱江夏

王義恭馬客鞭二百付右尚方會中書舍人戴明寶被繫差回為戸伯性便辟勤緊奉事明寶竭盡心力明寶尋得原赦委任如初啓免回以領隨身隊統知宅及江西墅事性有巧藝觸類多能明寶甚寵任之回拳捷果勁勇力兼人在江西與諸楚子相結屢為劫盜會太宗初即位四方反叛明寶啓太宗使回募江西楚人得快射手八百假回寧朔將軍軍主隸劉勔西討於死虎破杜叔寶軍除山陽王休祐驃騎行參軍

龍驤將軍攻合肥破之累遷至將校以功封葛陽縣男食邑二百戶後廢帝元徽初桂陽王休範爲逆回以屯騎校尉領軍隸蕭道成於新亭創詐降計事在休範傳回見休範可乘謂張敬兒曰卿可取之我誓不殺諸王敬兒即日斬休範事平轉回驍騎將軍加輔師將軍進爵爲侯改封聞喜縣增邑千戶四年遷冠軍將軍南琅邪濟陽二郡太守建平王景素據京口反遣回與李安民等討之又命段佛榮為都統回先與

景素通謀蕭道成知回有異志故使安民佛榮偕行回私戒士卒逢京口兵勿得戰然迫於佛榮且見京口軍弱遂不發及拔京口回軍先入自謂誓不殺諸王又以景素讓張倪奴斬之事平道成釋回不問增邑五百戶進號征虜將軍加散騎常侍太守如故明年遷右衛將軍常侍如故沈攸之反以回為使持節督郢州司州之義陽諸軍事平西將軍郢州刺史給鼓吹一部率衆出新亭為前鋒未發而袁粲據石頭謀誅

道成回與新亭諸將帥任侯伯彭文之王宜興孫曇瓘等謀應粲粲事發侯伯等並乘船赴石頭唯曇瓘先至得入侯伯等至而粲已平回本期詰旦率所領從御道直向臺門攻道成於朝堂事既不果道成撫之如舊回與宜興素不協慮或反告因其不從處分斬之回進軍未至郢州而沈攸之敗走回至鎮進號鎮西將軍改督為都督回不樂停郢州固求南兗遂率部曲輒還改封安陸郡公增邑二千戶并前三千七百

户攺都督南兗徐兗青冀五州諸軍事鎮北將軍南兗州刺史加散騎常侍持節如故道成以回終爲禍亂乃上表曰黄回出自廝伍本無信行仰值泰始謬被驅馳階藉風雲累叨顯伍及沈攸之作逆事切我機臣闇於知人冀其搏噬遣統前鋒竟不接刃軍至郢城乘威追脅陵掠所加必先尊貴武陵王馬轡服咸被虜奪城内文武剥剔靡遺及至還都縱恣彌甚先朝御服猶有二輿弓劍遺恩尚在軍府回遂啓求以擬

私用僭侮無猒罔顧天極又廣納逋亡多受劫
盜親信此等並爲爪牙觀其凶狡憂在不測惡
積辜著非可含忍應加剿除以明國憲尋其釁
狀寔安極法但嘗經將帥微有塵露辜疑從輕
事炳前策請在降減特原餘嗣臣過荷隆寄言
必罄誠謹陳管穴式遵弘典伏願聖明特垂允
鑒臣愚不出位誠昧甄錄追言既往伏增慙恧
詔曰黄回擢自凡豎夙負瘢釁實以憲網收其
搏噬雖勤效纍著而屠[redacted]新亭背叛投拜

寇場畢䂓既扇廟律幾[redacted]得張敬兒提戈直
奮元惡受戮及景素結逆覆霜歲久乃密通音
譯潛送器杖氛沴克霽筱謀方顯每存容掩冀
能悛革故襲業升爵均榮動寵凶詖有本險慝
滋深構誘敬兒志相攻陷悖圖未遂狠戾彌甚
近軍次郢鎮劫逼府主兼挾私計多所徵索主
局咨疑便加捶楚專肆暴慢罔顧彝則膺牧西
蕃徽賁惟厚曾不知感猶懷忿怨李安民述任
河濟星管未周會攄檢要苦析回奪黷謁弗已

叨侈無度遂請求御輿僭擬私飾又招萃賊黨初不啓聞傷風蠹化莫此之甚宏明繩裁肅正刑書便收付廷尉依法窮治回時有部曲數千人道成欲收回恐其為亂乃召回入東府至停外齋使桓康將數十人數其罪而殺之時年五十二子僧念尚書左民郎竟陵相未發從誅回既貴祇事戴明寶甚謹言必自名每至明寶所屏人獨語未嘗敢坐躬至帳下及入內料檢有無隨之[redacted]以此為常

史氏曰回曳尾溷濁附翼風雲遂能握符建牙提師千里亦一時之遭也然質性凡鄙不學無術方在郢州困求南兗覺跡既露帥衆輒還何異送死哉京口石頭之舉回皆與謀碩卒首鼠不發坐觀敗覆回雖趦趄豈非匹夫之勇耶使回挺身唱義勸師反戈事即不成不失與諸袁同遊也而迺俛首外齋父子駢戮悲夫

人物列傳上

人物列傳下　　沔陽志十五

齊張欣泰字義亨竟陵人父興世宋[illegible]欣泰少有志節不以武業自居好隸書[illegible]十餘詣吏部尚書褚淵淵問之曰張郎[illegible]多少欣泰答曰性怯畏馬無力牽弓淵甚異之辟州主簿歷諸王府佐元徽中興世在家擁雍州還資見錢三千萬蒼梧王自領人劫之一夜垂盡興世憂懼感病卒欣泰兄欣華時任安成郡欣泰悉封餘財以待之建元初歷官寧朔將

軍累除尚書都官郎世祖與欣泰早經款遇及
即位以爲直閤將軍領禁旅除豫章王太尉參
軍出爲安遠護軍武陵內史還復爲直閤步兵
校尉領羽林監欣泰通涉雅俗交結多是名[redacted]
下直輒遊園池著鹿皮冠衲衣錫杖挾素琴有
[redacted]啓世祖者世祖曰將家兒何故作此舉止後
[redacted]駕出[redacted]林敕欣泰甲仗[redacted]察欣泰停仗於
[redacted]下飲酒賦詩制局監呂文復過見啓世祖
世祖大怒遣出外數日意稍釋召還謂之曰卿

不樂為武職驅使當處卿以清貫除正員郎未明八年出為鎮軍中兵參軍南平內史巴東王子響殺僚佐上遣中庶子胡諧之西討使欣泰為副欣泰謂諧之曰今太歲在西南逆歲行軍兵家深忌不可見戰戰必見危今段此行勝既無名負誠可恥彼凶狡相聚所以為其用者或利賞逼威無由自潰若且頓軍夏口宣示禍福可不戰而禽也諧之不從進屯江津尹略等見殺事平欣泰徙為隨王子隆鎮西中兵改領

東内史子隆深相愛納數與談宴州府職局[redacted]
使關領意遇與謝朓相次典籤密以啓聞世祖
悉召還都屏居家巷置宅南岡下面接松山欣
泰肖弩射雜恣情閑放衆伎雜藝頗多[redacted]明
帝即位爲領軍長史遷諮議參軍上書陳便宜
二十條其一條言宜毀廢塔寺帝[redacted]優詔報[redacted]
建武二年[redacted]圍鍾離城欣泰為軍主隨崔慧景
救援欣泰[redacted]廣陵侯曰聞攻鍾離是子之[redacted]
策可無謬哉兵法云城有所不攻地有所不[redacted]

不聞之乎我國家舟舸百萬覆江横甲于今不至欲以邊城疲魏士卒我且千里運糧行留俱弊一時霖雨川谷涌溢然後乘海百萬齊進子復奚以禦之乃令魏主以萬乘之重攻此小城是何謂歟攻而不拔誰之恥歟假令能拔子守之我將連舟千里舳艫相屬過壽陽東接滄海仗不再請糧不更取士卒偃卧起而接戰乃魚鱉不通飛鳥斷絕偏師淮其不能守皎可知矣如其不拔吾將假法于

魏之有司以請子之過若挫兵衷衆攻不卒下軀士塡隍拔而不能守則魏朝名士甚當別有深致乎吾所未能量吾魏之大武佛狸傾一國之衆攻十雉之城死亡太半僅以身返既智屈於金墉亦難拔而不守皆筭失所為至今為笑前鑒未遠已恐之乎和門邑邑戲載往意[illegible]既為徐州軍所挫更欲於邵陽洲築城慧景慮為大患欣泰曰虜所以築城者外示姱大實懼我躡其後耳今若說之以彼此各願罷兵則其患

自息慧景從之追欣泰至虜城下具述此意及虜引退而洲上餘兵萬人求輸五百匹馬假道慧景欲斷路攻之欣泰說慧景曰歸師勿遏古人畏之死地之兵不可輕也勝之既不足為武敗則徒喪前功不如許之慧景乃聽虜過時領軍蕭坦之亦援鍾離還啓明帝曰邵陽洲有死賊萬人慧景欣泰放而不取帝以此皆不加賞四年出爲永陽太守永元初還都崔慧景圍城欣泰入城内領軍守備事寧除輔國將軍廬陵

王安東司馬義師起以欣泰為持節督雍梁南北秦四州郢州之竟陵司州之隨郡軍事雍州刺史將軍如故時少帝昏亂人情咸伺事隙欣泰與弟前始安內史欣時密謀結太子右率胡松前南譙太守王靈秀直閤將軍鴻選含德主帥苟勵直後劉靈運等十餘人並同契會帝遣中書舍人馮元嗣監軍救郢茹法珍梅蟲兒及太子右率李居士制局監楊明泰等十餘人相送中興堂欣泰等使人懷刀於座斫元嗣頭墜

果柈中又斫明泰破其腹蟲兒傷刺數瘡手指皆墮居士踰牆得出茹法珍亦散走還臺靈秀仍往石頭迎建安王寶夤率文武數百唱警蹕至杜姥宅欣泰初聞事發馳馬入宮冀法珍等在外城内處分必盡見委表裏相應因行廢立既而法珍得反處分閉門上仗不配欣泰兵鴻選在殿内亦不敢發城外衆尋散少日事覺詔收欣泰胡松等皆伏誅欣泰少時有人相其當得三公而年裁三十後屋瓦墮傷額又問相者

云無復公相年壽更增亦可得方伯耳死年四十六

張欣時欣泰弟也初爲諸暨令坐罪當死欣時父興世宋世討南譙王義宣吳郡張暢時爲彭城王長史官軍欲殺之興世以袍覆暢而坐得免興世卒暢子融著高履負土成墳至是融爲司徒竟陵王子良長史乞代欣時死子良曰此乃是長史美事恐朝有常典不得如長史所懷

史氏曰欣泰本以武胄不樂櫜鞬方其挾琴遊

園停佚賦詩雍雍乎亦足多也然既乏匡濟之
才又匪阿衡之任迺欲躬行伊霍志清象魏是
以貍捕虎以蚉負山也欲無敗得乎
梁張齊字子響馮翊郡人世居横桑或云横桑
人也少有膽氣初事荆府司馬垣歷生歷生酗
酒遇下嚴酷不甚禮之歷生罷官歸吳郡張稷
爲荆府司馬齊復從之稷甚相知重以爲心腹
雖家居細事皆以任焉齊盡心事稷無所辭憚
隨稷歸京師稷爲南兖州又擢爲府中兵參軍

始委以軍旅齊末元中義師起東昏徵稷歸都督宮城諸軍事居尚書省義兵至外圍漸急齊日造王珍國陰與定計計定夜引珍國就稷造膝齊自執燭以成謀明旦與稷珍國即東昏於内殿齊手刃焉明年高祖受禪封齊安昌縣侯邑五百户仍為寧朔將軍歷陽太守齊手不知書目不識字而在郡有清政吏事甚脩天監二年還為虎賁中郎將未拜遷天門太守寧朔將軍如故四年魏將王足寇巴蜀高祖以齊為輔

國將軍救蜀未至足退走齊進戍南安七年秋使齊置大劍寒家二戍軍還益州其年遷武旅將軍巴西太守尋加征遠將軍十年郡人姚景和聚合蠻蜒抄斷江路攻破金井齊討景和於平昌破之初南鄭沒於魏乃於益州西置南梁州州鎮草創皆仰益州取足齊上夷獠義租得米二十萬斛又立臺傳興冶鑄以應贍南梁十一年進假節督益州外水諸軍十二年魏將傅豎眼寇南安齊率衆距之豎眼退走十四年遷

信武將軍巴西梓潼二郡太守是歲葭萌人任
令宗因衆之患魏也殺魏晉壽太守以城歸款
益州刺史鄱陽王遣齊帥衆三萬督南梁州長
史席宗範諸軍迎令宗十五年魏東益州刺史
元法僧遣子景隆來拒齊師南安太守皇甫諶
及宗範逆擊之大破魏軍於葭萌屠十餘城魏
將丘突王穆等皆降而魏更增傅豎眼兵復來
拒戰齊兵少不利軍引還於是葭萌復没於魏
齊在益部累年討擊蠻獠身無寧歲其居軍中

能身親勞辱與士卒同其勤苦自晝頓舍城壘
皆委曲得其便調給衣粮資用人人無所困乏
既爲物情所附蠻獠亦不敢犯是以威名行於
庸蜀巴西郡居益州之半又當東道衝要刺史
經過軍府遠涉多所窮匱齊緣路聚粮倉種蔬
菜行者皆取給焉其能濟辦多此類也十七年
遷持節都督南梁州諸軍事智武將軍南梁州
刺史普通四年遷信武將軍征西鄱陽王司馬
新興永寧二郡太守未發而卒時年六十七追

贈散騎常侍右衛將軍賻錢十萬布百疋謚曰
壯
史氏曰齊高祖之忠臣東昏之逆賊也至其為
政雖曰不學亦有繁劇之才矣
元張淵道景陵人丙寅進士授秘書監都事
張從道淵道弟同科進士授武昌路通城縣達
魯花赤兄弟俱優文學居古城舊有雙桂坊
皇明胡美初名廷瑞避
御字改今名湖廣漢沔人至正間仕陳友諒為

江西行省丞相守南昌歲辛丑八月
天兵征友諒直擣九江僞都友諒走武昌時兵
威震疊美知天命有歸乃遣宣使鄭仁傑詣九
江納款
上賜書慰諭壬寅春
上至南昌美迎謁于新城門外
上撫勞之俾仍故官癸卯八月友諒戰死於彭
蠡其子理奔武昌復僭號九月
上復率諸將及美征理于武昌甲辰二月理出

降武昌悉平美有功焉乙巳湖廣江西諸郡縣
皆附乃規取淮東十月命美同相國徐達等率
馬步舟師水陸並進是冬克海安泰州丙午十二
月克高郵四月五月淮泗壽頴俱下八月統兵
從大將伐張士誠十一月下湖州進圍蘇州吳
元年九月破其城執士誠遂拔無錫州以歸論
功召見於戟門賜彩段表裏九疋加榮祿大夫
降褒諭有今日之功無忝古之名將等語十月
命為征南將軍率安吉寧國南昌袁贛滁和無

為等衛軍由江西取福建
上諭美曰征伐所以奉天命平禍亂安民生故
命將出師必在得人汝以陳氏丞相來歸事吾
忠實無過故命汝總兵取福建江西左丞何文
輝為尔之副湖廣參政戴德隨征從汝調發二
人皆吾親近之人勿以此故廢軍政凡號令征
戰一以軍法從事聞汝往年嘗攻閩中必深知
其地理險易令總大軍進征凡攻圍城邑必擇
便利可否為之進退無失機宜克定之功全賴

於汝十一月師師度杉關略光澤縣下之十二月師至邵武元守將李宗茂以城降得將士五千四百餘人至建陽降其守將曹俊疇命指揮沈友仁守之洪武元年正月

上即帝位功成進秩詔美以榮祿大夫中書平章兼同知詹事院事是月壬午率師至建寧元守將同僉達里麻參政陳子奇集僚佐謀曰闔

大明軍驍勇自入杉關諸鎮兵皆望風瓦解其鋒不可當今吾城中軍士亦不下萬餘儲蓄尚

當可以拒守不可與戰彼攻吾城不克必將自退吾因而乘之或可以得志衆皆曰然由是備禦甚堅美等進兵數與挑戰達里麻等固守不出我師環其四門攻之壬辰克建寧時美督兵攻城益急達里麻不能支夜潛至文輝營納款詰旦總管翟也不花亦率衆請降美乃整軍入城申嚴號令秋毫無所犯執陳子琦送京師獲將士九千七百九十餘人馬二百七十三疋銀一萬六千三百兩粮九萬八千六百四十石命

指揮費子賢領兵守之二月克興化遣建陽降將曹俊疇招諭汀州寧化連城等縣元汀州路守將陳國珍納款泉州郡縣相繼降附時王師已取福州延平諸路福建悉平統兵守禦五月上幸汴梁召還扈從凡行在機務悉領區處兵行無擾於民二年十二月大賞征南及守禦功賜白金二百五十兩文幣十七表裏三年七月往河南等處招集故元王保保所部亡散士卒凡占籍在洪武元年者聽為民二年以後者收

入兵伍十一月大封功臣授開國輔運推誠宣力武臣榮祿大夫柱國封豫章侯食祿一千五百石令世襲賜誥命鐵券其文曰昔竇融以河西歸漢載於前史後世稱之朕以武定四方乃有識天運而建事功如昔人者助成帝業理當崇報咨尔胡美以漢沔之英當朕經畧江右尔能識幾盡歸版籍以保全人民於是任以中書平章之職屢從大將征取江夏攻壽春平淮東克浙西遂取邵武建寧其功益著迨朕巡狩分

省北京兵有紀律民得撫安況為國之姻戚而
著勳於當世今天下已定論功行賞朕無以報
爾是用加爾爵祿使爾子孫世世承襲朕本跣
愚皆遵前代哲王之典禮茲與爾誓若謀逆不
宥其餘若犯死罪爾免二死子免一死以報爾
功於戲慎守祿位以光勳業篤親而厚風俗更
以忠貞訓及子孫傳於永世豈不偉歟仍賜文
綺及帛四十疋十三年正月改封臨川侯誥券
文與前同六月遣使賫勅至湖廣諭美曰昨者

上天垂戒朕思治理恤民爲先其王府一切役
作宜皆停罷時美董建潭王府於長沙故以是
諭之二十六年卒
李廷琛一名琛景陵人國初從取江南晉陵徽
州婺源攻雩州援龍灣佐平饒州擣潯陽徇征
蘄黄下豫章鏖戰彭蠡甲辰定武昌江陵湖之
南北乙巳從克襄陽安陸等處以屢功擢授景
陵衛指揮副使鄧愈以湖廣行省平章出鎮襄
陽廷琛屬焉嚴號令練軍伍繕甲兵修屯田西

禦王保保兵遏征討則備前驅洪武元年四月
上勑諭愈曰即目總兵官大將軍信國公徐達
副將軍鄂國公常遇春統領大軍已於三月二
十九日克復汴梁見行進取河南等處城池教
御史大夫鄧愈統領襄陽安陸景陵衛官軍前
去征取邇北未附城池其景陵衛除存留官軍
守城外其餘軍馬教指揮副使李廷琛統領參
隨征進先是三月愈命廷琛同指揮王成等率
師取唐州又取南陽至是奉

旨即命廷琛同指揮吳復等攻取南陽各屬克之又平新寨麻張等叛賊克光石腦寨及降葉舞陽魯山等縣從援徐州九月擊洪山老馬劉寨斬闞而入擒殺甚衆是年冬從討蜀河奔張獲之于是金商均房諸州悉定三年西擊王保保營五年從討澧州等處溪洞蠻夷皆預有功

邵暹字賓旭沔陽人永樂壬辰進士授中書舍人陞禮部郎中精通譯字

宣宗命入草詔筆凍紙汗自分得罪

上命易紙書之其荷眷遇如此

史氏曰昔李廣不逢高祖時萬户侯不可得美與琛睹聖於草昧之初效命於風雲之際攀鱗附翼列爵分茅可謂不世之遭矣

贊曰令尹名卿二牧召貢乘作唐瑞符嵩陽機僨雍州厭武散騎善政豫章景陵乘時能奮

人物列傳

良牧傳

南朝夏侯恭叔爲竟陵令惠化大行木連理上有光如燭咸曰爲善政所致

梁裴邃字淵明河東聞喜人天監中竟陵太守開置屯田公私便之

韋放字元直京兆杜陵人天監中轉假節明威將軍竟陵太守在郡和理爲吏民所稱

周裴果字戎昭河東聞喜人保定五年復州刺史性嚴猛能斷決每抑挫豪右申理屈滯歷牧

數州號爲稱職

史氏曰四公之政史畧之也然即其所稱足爲復之良牧矣

唐狄仁傑字懷英幷州太原人中宗時豫州刺史初宰相張光輔討越王軍多暴索仁傑拒之光輔怒還奏傑不遜左授復州刺史故志云有惠愛徙洛州司馬天授二年以地官侍郎同鳳閣鸞臺平章事武后謂曰卿在汝南有善政然有譖卿者欲知之乎謝曰陛下以爲過臣當改

之㠯爲無過臣之幸也譖者乃不顧知后嘆其長者

史氏曰粱公在復治蹟失紀然武后所謂汝南盖指復州所謂善政即志之惠愛也仁傑歷剌大州民輒勒碑搆祠安知復人無是事耶至其不問譖者盖自信其無愧於復矣

五代晉郭延魯沁州綿上人也父饒爲沁州剌史有惠愛延魯㠯善槊爲將遷復州剌史嘆曰吾先君爲沁州者九年民到于今思之吾今幸

得爲刺史其敢忘先君之志由是益以廉平自勵民甚賴之秩滿州人乞留不許遮道攀號當時刺史皆以軍功拜言事者以民力困敝之時不宜以刺史任武夫恃功縱下爲害不細而延譽父子特以善政聞

歐陽修曰嗚呼五代之民何以堪之哉上輸兵賦之急下困剥斂之苛自莊宗以來方鎮進獻之事稍作至於晉而不可勝紀矣其添都助國之物動以千數計至於來朝奉使買宴贖罪莫

不出於進獻而功臣大將不幸而死則子孫率以家貲求刺史其物多者得大州善地蓋自天子皆以賄賂爲事矣於此之時循廉之吏如延魯之徒者誠難得而可貴也哉

宋朱昂字舉之潭州人端拱二年以轉運使直秘閣出知復州表求謝事不許在州多紀述昂富文學有清節後爲工部侍郎與弟協皆致政歸特被恩禮時人以比二疏

劉師道字損之一字宗聖開封東明人真宗時

樞密直學士責爲忠武軍行軍司馬起爲工部郎中知復州換秀潭二州師道敏於吏事所至有聲吏民畏愛

王琪字于玉成都華陰人後徙舒景祐中知復州治效顯著稱爲循吏民毆佃客死吏論如律琪疑之留未決已而新制下凡如是者聽減死郡人德焉嘗建夢野亭琪詩風迷楚客傷春野山晦荊王夢雨天

唐介字子方荊南人舉進士仁宗朝爲諫官呂

言事屢聣改知復州召爲殿中侍御史遣使賜告趣詣闕下入對帝曰卿被謫以來未嘗㠯私書至京師可謂不易所守介頓首謝言事無避如前子淑問亦通判是州「宋名臣言行錄云改復州未至召充御史今從本傳」

万俟湜大觀中知復州公勤清約有善政州人稱之曰前有王琪後有万俟

史氏曰數公皆宋名臣足㠯爲復重而昂湜之清節師道琪之治效介之直道又皆於復有遺

愛焉詩云樂只君子民之攸塈其斯之謂夫

張耒字文潛楚州淮陰人弱冠第進士遷秘書正字著作郎史館檢討居三館八年顧義自守泊如也紹聖初知潤州坐黨籍謫監黄州酒稅徙復州作鴻軒以居植薔薇其側後起通判黄州爲詩別之後竟以謫卒耒偉儀觀有雄才時蘇黄既殁耒獨存士人就學者甚衆

楊文仲字時發眉州彭山人既冠以春秋貢寳祐元年登進士調復州學教授文仲明伊洛之

學轉運使卬應飛辟入幕明發婦寃獄應飛悉從其議且薦之荆湖宣撫使趙葵署文仲佐分司幕姚希德江萬里合薦文仲學爲有用後至國子祭酒

史氏曰耒之監稅文仲之教授職雖優閒然風聲教化之所被賢於政令遠矣

元白景亮字明甫南陽人明法律善書算至正間呂南恩知州遷沔陽府尹民徭多偏重景亮分其戶爲三等九甲由是遂均景陵至府河頒

迂乃於縣南濬河徑達漢江民便之號曰便河時掘地得石刻曰白公溝民尤異焉又作浮橋以利涉民德之奏最于朝特授衢州路總管景亮性廉介勤苦自奉甚薄妻尤儉約惟以脫粟共飯而已事聞特詔褒美賜以宫錦

張寬至正間沔陽府尹有廉能聲嘗值歲澇民不聊生即請於朝給粟賑恤一郡之民賴以生全

史氏曰景亮勝國之循吏載在元史以今視之

無愧也寬振災恤患號稱廉能亦無愧景亮矣
皇明王孟福建福清人初任翰林五經博士永樂中遷沔陽知州優於文學以廉自持且善撫字後卒于官民至今稱之
李震永平撫寧人宣德中知沔陽剛介不阿勤於撫字嘗修餙學校後以老去民弗忍舍
鄒烜福建建寧人正統初以御史遷知沔陽修築隄防有功于民
鍾順字必華廣東南海人貢士景泰中知沔陽

能聲詩時江西周禮洪爲患荆沔順呂計擒殺之監利民來立生祠於滄浪之上後終廣西太平知府

史氏曰長民之道在興利除害而已四公者其庶乎良吏也哉

孫衍松江華亭人進士成化中知沔陽操履勤慎法令嚴明郡事無不修舉而案牘常淸吏民畏愛號爲大治累官延平知府

史氏曰余聞長老言沔守當以衍爲稱首先中

憲亦云

董傑字萬英寧國涇人進士弘治初知沔陽時大旱傑即開廩賑之復蠲其租甫三月吕事就逮去乃悉取賑籍焚焉民感其意泣送滿路累官都御史

張弘宜字時措松江華亭人南安守弼之子也吕進士擢御史謫蘄州判官弘治間遷知沔陽剛明有為旹水荒民饑調停賑恤全活甚衆境內淫祠毀之幾盡嘗過所知見小祠即於飲中

撤之尤務教士無旹至學堂課諸生加勞賚焉性坦夷與士大夫接破崖岸每造飲必賦詩揮翰郡人懷之累官廣西副使

史氏曰傑才識雄偉弘安器度高雅宂所施設皆不規規簿書間矣

徐咸字子正浙江海鹽人進士正德初除知沔陽初廟學敝陋銳志興建即首捐俸倡之民爭委輸比成規制弘敞公私無費又數行田勸農在州三年境內殷富累官襄陽知府

李濂字川父河南祥符人舉鄉貢第一登進士除知沔陽才器閎邁吏事精敏且以儒學餙之詩文古雅爲峕稱尚政暇則引諸生開閣講論多所啓迪一峕士習爲之丕振累官山西僉事

史氏曰余爲諸生嘗逮事二公親見其行事皆大用才也及李公講藝余復卒業焉李公獨屬意余余賴造就爲多然余所自樹立汩汩無有也追念國士之期能亡忝乎詩曰有斐君子終不可諼此之謂也後李公竟以才致謗遂被廢

此固古今才士之通憾也悲夫

儲洵字平甫揚州泰州人進士嘉靖初以兵部郎中左遷知沔陽時郡數歉民力彫瘵洵下車拊循專務休息嘗振饑慮道遠煩民乃移粟分給所在沾被征需不急者一切罷止以身任咎流亡盡復又講求禦滂之策地勢水道無不周知嘗上疏請修江漢堤防言甚剴切語在河防志仕終福建僉事

史氏曰洵爲沔時余方奉使過家目睹其政洵

本名家才高事練遭旹凶歉鎮靜簡又務爲安養遺愛所及視徼名喜事者不侔矣隄防一蹟萬世之利顧未之行也何哉

鍾曉字景暘廣東順德人貢士嘉靖初以御史左遷沔陽判官與洵同旹曉質性純厚政尚平易自奉甚約遷知歸州洵送之謂曰君如是而來如是而去無愧於沔矣累官思恩知府

胡睿字實孚江西新喻人進士㠯刑部主事左遷沔陽同知法律明習禁令嚴肅吏不敢欺嘗

僉民徭多所裁省卒于官

黄直字以方江西金谿人進士除漳州推官嘉靖初謫判沔陽直有志節性尤簡易出入屏除前呵嘗督民賦不嚴而辦尋㠯憂去民争送之或有所餽悉卻不受

史氏曰曉長者也譽之政事直之志節有足稱者矣

陳璟福建莆田人貢士成化中沔陽學正勤於教誨規摹嚴整每中夜躬課諸生勤惰必冠帶

而後出如是七年不懈士有去思

梁幹字本之常州武進人貢士正德初沔陽學正溫厚純篤生徒懷之典衡山東遷奉新知縣

徐璉字良器浙江開化人學正儀之曾孫也正德中沔陽訓導德性溫純士類敬服遷綿州學正

王鑾字必文福建閩縣人貢士嘉靖初沔陽學正性器深沉文學優贍生徒多所啓迪嘗修禮器纂學志時提學副使關中許宗魯雅重之遷

壽州知州

史氏曰椶官前此者莫悉其行事璟者郡人所誦說梁徐二先生余師鉴則余友也故知之頗詳云

張天麟荆州荆門人歲甲辰

皇祖既平江漢以天麟知景陵與指揮李廷琛修築城堞協力保障有功于民子孫因家焉

嚴貞浙江秀水人洪武中知景陵故志云廉介有爲孜孜愛民

楊季安字懷忠江西安福人監生宣德中知景陵邑地卑末樂時大水城邑俱壞季安至乃大修護城隄防水患遂息士民至今德之

顧行字正道常州江陰人監生正統初知景陵修葺學校濬築堤塘士民懷之

史氏曰天麟草昧之初季安昏墊之際併能竭力捍禦非保我子孫黎民者歟貞行承天麟季安之後要皆克繼其功矣

姜綰字玉卿江西弋陽人進士成化庚子知景

陵時制度簡陋蠹弊荐深綰既爬剔復爲規畫戶細畢舉興學墾田民懷吏畏尤㠯文章飾吏事有所創置輒爲記述六年之間文治蔚然擢南京監察御史累官河南按察使應城華清去思碑文多不後載

史氏曰余嘗過縣父老云綰之來也人多㠯少年易之及見其爲政始錯愕嘆服也綰志大才雄事多援古其言雖不盡孚然豈簿書吏所能及哉

周端字德莊揚州高郵人貢士弘治戊午除知景陵爲人整飭賦性嚴介扶善鋤惡遇事敢爲廢弛之餘政賴修舉卒于官

左輔寧國涇縣人進士正德丙寅除知景陵政尚平恕不事表暴盡心撫字民服其化有古循吏風

陳良玉字德夫四川富順人進士正德辛未除知景陵識度深遠操履方潔事無易劇必審的而後發無弗奇中賢不肖咸服其公明皆單騎

出行田間勸課農桑尤注意學校暇則與諸生講論日旰不倦士亦鼓舞其教一邑翕然稱治初邑城多圮至是大舉築甃期年而畢雉堞堅完民無勞費徵爲監察御史未幾卒邑人思之

來亨河南汲縣人貢士正德乙亥知景陵性剛直是非無所回撓孜孜以裕民爲事上官遣人至縣門者但入其牒需求一無所與里甲月費不過錢計然亦坐此不便僅一年罷去

史氏曰知縣自縮以後端以果轅以恕亨以直

皆能顯名然惟王爲最王爲城皆經營暇裕不擾而工速其才豈易及哉即其所爲縉文而王實矣

翁善字復初浙江烏程人貢士正統間景陵教諭皆廟學敝甚善與主簿喬著協力修葺捐俸倡先正德間士人祠之李知州濂牒云官寒而修學宇世遠而起士思

習善字德純江西新淦人貢士成化間景陵教諭正身率物以教化爲已任一當士習爲之丕變。

李翺字一鳳廣東番禺人貢士正德辛未景陵教諭富文學勤講授士躍然興起未幾以憂去至今稱善教者必曰李先生云

蔡德器字世重浙江黃巖人貢士正德甲戌景陵教諭純心篤行得之天性外和內剛貴義賤利士人無不嚮服三年擢靜江尹諸生泣送出境

劉翺字伯舉江西安福人監生正德己巳景陵訓導學有造詣爲文典則一時髦俊多受其益

遷彭山教諭

虞載字汝厚揚州泰州人監生正德丙子景陵訓導温恭雅飭秩滿致仕去

劉鵬字千霄江西萬安人監生嘉靖甲申景陵訓導資性明敏學有造詣文多雅贍士類推服遷盱眙教諭

史氏曰景陵之師前此可稱者翕習而已正德已還十餘年間李蔡諸君子相繼至士彬彬日盛科目至今不乏教化之於人也詎可誣哉

贊曰濟濟師牧光我漢淮敷政闡教民恬士熙
惠化既洽寔維父師遺風懋烈永言勞思

名將傳

皇明兵復字伯起廬州合肥人生而沈鷙少言
咲勇畧過人元季從
高皇帝征戰有功甲辰二月從征陳理于武昌
下漢沔荆州諸郡授鎮武衛指揮同知守沔陽
旹元同僉任亮擁兵安陸肆虣復將兵自沔倍
道徑擣生縛亮以歸改鎮其地後封安陸侯繪

像功臣廟叙按汪河傳大祖與元擴廓帖木兒書曰閣下昔與孛羅構釁雌雄未決吕知院郭雲同僉任亮攻我景陵掠我沔陽予思此城雖元故地久在他人之手予從他人得之非取於元也與復傳同

沈仁一名友仁濠州定遠人元季群雄四起仁舉義于鄉後歸

高皇帝從征有功歲乙巳授沔陽衞指揮同知代吳復守禦修築城塹建置官署著兵燹之餘民恃吕安後累遷都督僉事

李廷琛一名琛景陵人從

高皇帝平荊楚歲乙巳授景陵衛指揮副使嘗
鄧愈以湖廣行省平章出鎮襄陽廷琛屬焉嚴
號令繕甲兵築城壘修屯田西禦王保保兵遇
征討則備前驅鄉邑之民賴以保障餘詳列傳
王閏字旹正廬州潛山人沔陽衛指揮僉事以
薦超遷都指揮僉事掌湖廣都司事閏慷慨豁
達遇事敢爲成化中勦平江寇建議設戍至今
賴焉郴桂師起以閏督兵檄至即束擔以行旹
方元旦不少需也因擒渠魁以歸居家友愛尤

好尊禮士大夫搢紳亦愛重之嘗於東湖築西
松山閣招客賦詩翛然不知其武將也
牟斌韋璽俱錦衣衛指揮呂遴選視事北司正
德初逆瑾擅權旹淮安知府劉祥忤中官瑾怒
逮祥下獄使斌璽訊之西人者明祥非罪瑾愈
怒矯制謫斌璽沔陽衛百戶而祥竟論戍邊西
人單騎就道比至當路甚禮重之徙其居省城
嘉靖初
詔復其官而斌已先卒璽得

命未幾亦卒西人皆讀書能文斌純謹簡靜璽雅飭稍通融在邸舍中蕭然如儒生士論高之

史氏曰江漢初平郡邑安堵三將之功何可忘也閏才畧恢豁斌璽抗節守義豈惟甲胄之英雖紳冕中亦已恥矣

贊曰虎臣開國爲郡保障矯矯三君厥維名將德烈雄偉才節閎壯

死事傳

宋張檠京湖宣撫使吳獵將也開禧二年金人

圍襄陽德安游騎迫景陵獵使榮將兵援之金
人再犯景陵榮死之
陳嘉言景陵人爲郡學諭開禧二年金人犯景
陵城陷執嘉言衆脅使降嘉言厲聲罵賊自沉
于水同室六人俱死
施子仁理宗旹知復州端平三年元將蒙古忒
木觧攻襄陽江陵諸處旹隋守張龜壽荆門守
朱揚祖郢守喬士安皆委郡去惟子仁固守城
陷死之

翟國榮咸淳八年九月爲復州副將昔元人寇復州國榮將兵戰于爛泥湖兵敗死之十月庚申贈復州團練使立廟復州官其二子

元咬住沔陽府達魯花赤至正壬辰竹山賊寇襄陽咬住與同知三山引兵遇孛羅帖木兒於監利進次潛江賊大至孛羅死之咬住回會徐壽輝陷沔陽咬住率妻子過柴林河曰水清得好俺一家就這裏死呵俱自溺

俞述祖字紹芳慶元象山人以翰林書筭調廣

東元帥府都事入爲國史院編修官已而出爲沔陽府推官至正十二年徐壽輝破武昌威順王及平章和尚並遁去賊又遣曾法興攻沔陽述祖領民兵守綠水洪并力捍禦不能支城陷被執械至壽輝所誘之使降述祖罵不輟口壽輝怒支解之有子方五歲亦死事聞贈奉訓大夫禮部郎中象山縣男

史氏曰人臣有封疆之任統馭之責遭時搶攘或揮戈對壘或奮臂嬰城不幸破敗則委質而

死固其分也然非志節堅定忠義激發鮮不詘
於威武矣榮與國榮臨敵喪元子仁授命孤壘
咬住蹈節清流嘉言述祖抗聲怒罵慷慨就義
至今言之猶凜凜也非天下烈丈夫詎至是邪
贊曰挺戈受鋒冒野塗地殉城執節蹈波赴義
慷慨怒罵軀殞聲厲烈烈忠魂凜凜英氣

良牧名將死事傳

名賢傳

宋張徵景陵人故志稱其七持使節八剖郡符公淸超邁計口受俸其遺表云神雖去幹忠不忘君兄徽見逸士傳

張迪景陵人元豐間舉進士累官諫議大夫有爭臣風烈

陳嘉言景陵人爲郡學諭文行爲鄉里所推卒死開禧之難語在死事傳

祝松景陵人舉進士初調長水簿端平初以城

誓死守古郢遺民立祠祀之

史氏曰四公皆沔之望也然莫能覈其詳矣文獻之亡也嗟乎公清風烈伏節誓死如四公者風式郡邑多矣何俟於詳

皇朝歐陽謙字伯益沔陽人本文忠公後洪武中舉明經授耀州學正擢監察御史永樂中谷庶人謀反謙受

密詔往伺之迺託言罷官挈家南歸雖妻孥莫之知也還家賦詩皆作山林語半生琴劍歷天涯解組歸來髮

向華臣職幾何能報國　君恩萬一賜還家滄洲鷗鷺盟猶在綠野桑榆色正嘉堪恨故交零落盡垂楊到處噪昏鴉[又]文章館閣青藜冷詩酒江湖白髮新[又]風月謾矜雙眼豁江湖不厭一漁多

會歲侵譙因野服具舟隨商賈糴粟長沙時庶人謀盜甚恐召諸巫禱祠譙復變形為祝雜作府中具得其狀迺急挐舟行一日馳六傳比覺追之已無及矣既報

命因出師移之廣人赴火死改編修轉考功郎中卒于官謙優于文學所著有滄浪集正德中李知州濂始祠之鄉賢云

史氏曰譙長沙之行脫轡易服潛弭禍亂甚幾密矣位不究才賞不酬功君子惜之

虞信字尚忱沔陽人永樂中以歲貢拜監察御史立朝有直聲擢四川按察副使先是蜀有悍民爲鄉邑患當道皆莫敢發信首除之人服其剛遷山東按察使九年吏畏民懷終河南右布政使卒于家信性亢直人不敢干以私在山東有屬吏犯法以金研遺其子信覺繫其子上之朝因付信自治信竟撲殺其子

史氏曰昝金日殫殺兒史稱其忠信非是之類也夫持法者我也子奚與焉且受金罪不應死迺竟殺之與撓法何異雖然可以勵貪濁矣

劉瑑字玉相沔陽人永樂癸未鄉貢授葉縣訓導遷陳留教諭國子助教加翰林檢討仍領助教事後致仕瑑在陳留施教有方祀于名宦子深字資之正統己未進士除知江西寧縣後改四川崇寧深剛勁少容在崇寧有幕官忤深深手殺之坐累免官屏居山澤鄉閭敬憚郡守數

請始一至城府
吳璿字文璣沔陽人天順壬午鄉貢璿勵志好學時有先登者有司表其坊璿三年不踐其地竟舉第一後除河南彰德府同知以足疾乞歸性簡靜杜門謝事鄉人稱之卒年七十餘
劉鈺字世美沔陽人父弦隷戎天津生鈺登成化丙戌進士改翰林庶吉士授戶部主事嘗督課九江防檢甚嚴羨餘悉貯府庫尋守常州廉明勤慎吏民敬憚豪右犯法至自經不敢見母

喪幾無以爲殮服除改守處州未幾父卒鈺感疾亦卒鈺剛介自持所歷嚴肅歸自常民有追送者以二瓜爲餉剖之乃金百餘急還而遺之毘陵至今祠祀焉性孝愛每之官必奉親以行且挈雙棺自隨人稱之孝廉云卒葬沔陽

邵福字錫之沔陽人景泰丙子鄉貢授濟南通判補任蘇州遷杭州府同知福富文翰善談論歷官俱以能稱

吳惟學字子勤副使欽子也正德己卯鄉貢除

郟縣教諭復除英山未幾卒惟學直諒端謹見推士類事毋以孝聞提學副使張公邦竒舉楚士有學行者七人惟學與焉在英山勤於訓迪人士敬服既還葬會當道褒獎邑人歸其櫬於家

史氏曰琢璹出典政教亡忝師牧解組林居養恬茸約可謂善士矣深太剛而折頗乖中道然挫衂之餘方嚴愈勵亦經德不回之士也鈺權重賦與巨郡而不汙挈棺奉親而不以爲嫌謂

之孝廉信哉惟學余之益友阨於時命悲夫

黄鍾字景陽景陵人永樂辛卯鄉貢除知四川崇慶州改知山東武定時州方變故鍾面奉宣廟聖諭馳驛至州州賴安靖三年復命未幾卒于官

李慶字積善景陵人正統九年以歲薦除建昌府同知同官治財者慮愆期致罪追索甚急慶爲緩期民悅之卒輸納無敢後以父憂去民追送出境而返改南京戶部郎中調禮部儀制宿

弊頓革遷浙江塩運使司運使嚴簿書絕請謁有持券請塩者按歲月先後給之二年歲課三倍尋乞歸卒於舟慶廉介自守其爲運使布衣蔬食處之澹然歷官幾二十年所居茅屋數椽田園不增尺寸歿之日妻子無以爲喪邑人至今稱之

史氏曰余嘗讀何尚書喬新所爲銘謂慶之在浙或譏其處脂膏中不能自潤慶自若也信哉其廉士也夫

廖訓字尚裕景陵人景泰庚午鄉貢除河南汝州訓導遷江西德化教諭改四川新寧又改河南鄢陵致仕家居鄉人重其方正高潔年九十三卒

何玘字光弼成化庚子鄉貢除四川合江教諭秩滿乞致仕時年四十五玘博學能文邑人稱爲東湖先生

郭軒字文載成化庚子鄉貢除河南盧氏教諭以師道自任多所造就遷福建連江知縣與丞

不合軒卒于官丞制之不得發縣諸生爲扶柩而出軒以剛正見重士類諸生顯者過縣必往拜其墓

楊清字一廉景陵人弘治中以歲薦除知江西貴溪縣平生耿介邑人稱之

史氏曰景陵之賢自李運使而後無如數公皆邑人所誦說嚮慕者其後迺獨有魯文恪公

魯鐸字振之景陵人弱冠遊邑庠提學副使薛綱愛其文由是知名全楚弘治壬戌舉禮部第

一擢進士高第改翰林庶吉士少師李文正公
東陽雅重之授編修預修
孝宗實錄
武宗即阼詔諭安南鐸充正使
賜一品服以行比至宣布威德正其儀禮諸所
餽遺悉卻之交人稱嘆遷國子司業進南京祭
酒尋改北京鐸屢歷成均其教主於理道不屑
章句南北士多所造就尤持清操滌宿弊搢紳
歆仰之屢謝病歸至是復得告迺闢園亭蒔花

木屏跡深居爲投老計嘉靖初刑部尚書林俊
上䟽謂經師易得人師難得鐸約質渾晦志尚
清純道足以鎮雅黜浮學足以訂頑立懦方今
釐革廢弊正育賢成德振作士風之時況魯鐸
與謝鐸人品爲類謝鐸以祭酒養病
孝宗用吏部薦進禮部侍郎掌祭酒事起之於
家遣官以速其行重道尊師頌美有作
陛下今日處魯鐸如謝鐸則今日之頌美
陛下將亦同

孝宗矣一時撫巡諸臣暨兩都臺諫交䟽論薦先後以十數皆謂鐸德器温粹問學淵源植德毅簡宅心廉直莊重渾厚之文可㠯華王言淳懿端恪之行可㠯式鄉俗於是推鄉佐者五皆莫之應年六十七卒撫巡諸臣以䘏典請

詔諭祭一壇賜謚文恪仍令有司營塋鐸性恬退器量深閎文章節槩見推天下家居以身率物嘗作俗言以勸鄉人有巨盗起掠民馬牛或紿爲鐸物必釋之其感化如此所著有蓮北使

交東西厢已有園諸藁若干卷藏于家

史氏曰鐸才本華國器重台輔東岡之詩何其壯也及官近從師成均道化弘流風節宣著而迺辭藝躭寂養素守恬明謐利之防嚴止足之戒謂之恪非歟叙嘗狀其行曰功不及康濟而休風令節激昂貪鄙位不及卿相而榮名重望傾動朝野年不及期頥而清德粹言垂式後昆究其所被不在尺寸間矣

先中憲遺事

童之先隨人元季徙家于沔一傳而有聰磨公愈三傳而有承德公鈞訓導公錦四傳而有先中憲公旭五傳而有叙承德公樂善喜施孝友純篤人無長少咸敬憚之卒年八十有三先中憲公字賓暘號東谷弘治壬子鄉貢登己未進士除知上高三月而芝之生訓導黃雲有記被薦者三見家乘後列于名宦御史熊相有傳六年遷戶部主事員外郎中領諸司章奏正德辛未兩河盜起

朝廷出師討之奉

勅督理河南江北直隸粮儲開封知府顧璘有序被薦者

再侍郎楊潭黃珂俱有疏以功擢知兗州府加從三品俸

仍賜寶鏹銀牌尚書王瓊祭酒魯鐸郎中魏廷楫俱有序有建鄉賢

名宦祠少師李東陽有記建滋陽縣學尚書邵寶有記城關里

少師費宏有記分祿養親少師李東陽有雙壽序禱雨雪輒應訓導

余信有記被薦者五見家乘四年以忤魯藩被逮至

京撫按力白有疏調桂林尚書劉龍有序又三年而歸未幾卒

年五十有八少師費宏有墓志銘

史氏曰先君子敭歷二十有餘年自登第與謝

政冢居不過十年其行事之實多見於名公卿大夫之撰述與鄉長老之稱許叙不敢贅也附之名賢以俟君子采焉

贊曰英賢儁德佩藻握芳道誼純絜功烈恢張典刑後來俎豆江鄉景行思齊沔漢流光

名賢傳

逸士傳

東漢漢濱老父者不知何許人桓帝延熹中幸竟陵過雲夢臨沔水百姓莫不觀者有老父獨耕不輟尚書郎南陽張溫異之使問曰人皆來觀老父獨不輟何也老父笑而不對溫下道百步自與言老父曰我野人耳不達斯語請問天下亂而立天子耶理而立天子耶立天子以父天下耶役天下以奉天子耶昔聖王宰世茅茨采椽而萬人以寧今子之君勞人自縱逸遊無

忌吾為子羞之子何忍欲人觀之乎温大慙問其姓名不告而去

史氏曰昔接輿放歌目為楚狂今老父獨耕漢濱不觀乘輿其答温言辭旨簡要推其道也雖堯舜何加焉狂也非其儔矣是時政移五倖刑淫三獄漢家之業索然愈衰尚志之士莫不卷迹山林甘心雲壑如老父者非其人耶使温致敬如孔子之於漁父也其言必有進於此者温徒能慙愧而不能問也而使譏言不盡姓名俱逸

惜哉

唐陸羽字鴻漸一名疾字季疵復州竟陵人不知所生或言有僧晨起聞湖傍群鴈喧集以翼覆一嬰兒遂收畜之既長以易自筮得蹇之漸曰鴻漸于陸其羽可用爲儀乃以陸爲氏名而字之幼時其師教以旁行書荅曰終鮮兄弟而絶後嗣得爲孝乎師怒使執糞除圬墁以苦之又使牧牛三十羽潛以竹畫牛背爲字得張衡兩都賦不能讀危坐効群兒囁嚅若成誦狀師

拘之令薙草莽當其記文字懵懵若有遺過日
不作主者鞭苦因歎曰歲月往矣柰何不知書
嗚咽不自勝因亡去匿爲優人作詼諧數千言
天寳中州人酺吏署羽伶師太守李齊物見異
之授以書遂廬火門山貌侻陋口吃而辯聞人
善若在己見有過者規切至忤人朋友燕處意
有所行輒去人疑其多嗔與人期雨雪虎狼不
避也上元初更隱苕溪自稱桑苧翁又號竟陵
子東園先生東岡子闔門著書或獨行野中誦

詩擊木裴回不得意或慟哭而歸故時謂今接輿也久之詔拜羽太子文學徙太常寺太祝不就職貞元末卒羽嗜茶著經三篇言茶之原之法之具尤備天下益知飲茶矣時鬻茶者至陶羽形置煬突間祀為茶神有常伯熊者因羽論復廣著茶之功御史大夫李季卿宣慰江南次臨淮知伯能善煮茶召之伯能執器前季卿為再舉杯至江南又有薦羽者召之羽衣野服挈具而入季卿不為禮羽愧之更著毀茶論其後

尚茶成風時回紇入朝始驅馬市茶唐江州刺史張又新

煎茶水記元和九年春予初成名與同年生期于薦福寺余與李德垂先至憩西廂玄鑒室會適有楚僧至置囊有數編書余偶抽一通覽焉文細密皆雜記卷末又一題云者煮茶記云代宗朝李季卿刺湖州至維揚逢陸處士鴻漸李素熟陸名有傾蓋之懽因之赴郡抵揚子驛將食李曰陸君善于茶蓋天下聞名矣況揚子南零水又殊絕今日二妙千載一遇可曠之乎命軍士謹信者挈瓶操舟深詣南零陸利器以俟之俄水至陸以杓揚其水曰江則江矣非南零者似臨岸之水使曰某權舟深入見者累百敢虛紿乎陸不言既而傾諸盆至半陸遽止之又以杓揚之曰自此南零者矣使蹶然大駭馳下曰某自南零齎至岸舟蕩覆半懼其尠挹岸水增之處士之鑒神鑒也其敢隱焉李與賓從數十人皆大駭愕李因問陸既如是所經歷處之水

優劣精可判矣陸曰楚水第一晉水最下李因命筆口授而次第之凡二十水且曰此皆余嘗試之非係茶之精粗過此不之知也夫茶烹於所產處無不佳也蓋水土之宜離其處水功其半然善者烹器全其功也李寘諸筒焉遇有言茶者即示之宋歐陽修大明水記世傳陸羽茶經其論水云山水上江水次井水下又云山水乳泉石池漫流者上瀑湧湍瀨勿食食久令人有頸疾江水取去人遠者井取汲多者其說止此而未嘗品第天下之水味也至張又新為煎茶水記始云劉伯芻謂水之宜茶者有七等又載羽為李季卿論水次第有二十種今考二說與羽茶經皆不合羽謂山水上而乳泉石池又上江水次而井水下伯芻以揚子江為第一惠山石泉為第二虎丘石井為第三丹陽寺井為第四揚州大明寺井第五而松江第六淮水第七與羽說皆相反羽所說二十水廬山康王谷水第一無錫惠山石泉第二蘄州蘭溪石下水

第三峽州扇子峽蝦蟇口水第四虎丘寺石泉第五廬山招賢寺下方橋潭水第六揚子江南零水第七洪州西山瀑布水第八桐柏淮源第九廬州龍池山頂水第十丹陽觀音寺井第十一揚州大明寺井第十二漢江金州中零水第十三歸州玉虛洞香溪水第十四商州武關西洛水第十五松江第十六天台千丈瀑布十七郴州圓泉十八嚴陵灘水十九雪水二十如蝦蟇口水西山瀑布天台千丈瀑布皆羽戒人勿食食而生疾其餘江水居山水上井水居江水上皆與茶經相反疑羽不當二說以自異使誠羽說何足信也得非又新妄附益之耶其述羽辨南零岸水特恠其妄也山水味有美惡而已欲舉天下之水一一而次第之者妄說也故其爲說前後不同如此然羽之論水惡淳浸而喜泉源故井取汲多者江雖長流然衆水雜聚故次山水惟此說近物理云又浮槎山水記余嘗讀茶經愛陸羽善言水後得張又新水記載劉伯

錫李季卿所列水次第以為得之於羽然以茶經考之皆不合又新妄狂險譎之士其言難信頗疑非羽之說及得浮槎山水然後益知羽為知水者浮槎與龍池山皆在廬州界中較其味不及浮槎遠甚而又新所記以龍池為第十浮槎之水棄而不錄以此知其所失多矣羽則不然其論曰山水上江次之井為下山水乳泉石池漫流者上其言雖簡而於論水盡矣敘按歐陽公以又新所記與羽茶經不合然所記季卿事又與羽本傳不合也今姑存之以俟考

唐皇甫冉送羽赴越行隨新樹深夢隔重江遠迢遞風日間蒼茫洲渚晚皇甫曾送羽採茶千峯待逋客香茗復叢生採摘知深處煙霞羨獨行幽期山寺遠野飲石泉清寂寂燃燈夜相思一磬聲

史氏曰余嘗過竟陵憩羽故寺訪鴈橋觀茶井

慨然想見其為人夫羽少厭髡緇篤嗜墳素本非忘世者卒迺寄號桑苧遁跡苕霅嘯歌獨行繼以痛哭其意必有所在時迺比之接輿豈知羽者哉至其性甘茗荈味辨淄澠清風雅趣膾炙今古張顛之於酒也昌黎以為有所託而逃羽亦以是夫

宋張徽景陵人按故志以詩名世所著有滄浪集司馬光范純仁皆與之友善

元徐勝祖郡人按元史居喪廬墓

皇朝鄧綸字一誠郡人永樂癸卯鄉貢故志稱其恬退不仕

蔡輅郡人居鄉不苟訓迪生徒能吟咏鍾知州順林學正惟盛常禮之數與倡和其子允恭孫綬皆膺歲薦

周台沙口人在鄉閭以善稱未嘗輒至公府家居讀書手不釋卷徐知州咸請與賓席李知州瀌扁其名於旌善亭

史氏曰徽之行莫之詳也然父稔於馬范之賢

徽可知矣勝祖綸皆因之史志不敢餙焉者懼誣也輅合余所親聞見頃王學正鏊始表之要皆鄉之善士故附著云

贊曰漢濱獨耕鑾輿旋軫矯矯桑苧託跡荈茗徽富簫韻鴻儒交稔澤游巖棲鳳逝龍隱

逸士傳

僑寓傳

元趙吉甫其先居蜀徙居玉沙與魯齋許衡友善衡至武昌首問吉甫謂人曰吉甫天資甚高衡

一看則其人可知矣自號拙存以文學名于世
皇朝易從虎字炳文其先隆中人徙家南漳父
友旺終葬鳳凰山因廬于墓側里人異之多遣
子弟從之遊呼曰易孝子後避兵寓沔陽家焉
叙按張褉從虎廬墓記其事在南漳鳳凰山故
志皆云隨父至沔因謂廬墓于沔非也戴用瑞
蓮記炳文家沔陽孔廟後結茅數椽扁曰孝子
堂前有池半畝蓮一本二花人以為純孝所感
未復謂文運將興君子彙征之兆盖不以為易
瑞也近王學正棨學志亦云兆明年爲建之祥
盖國初丁未學產瑞蓮明年戊申創學正德
癸酉復產明年又復改建其兆甚明且炳文廬
墓于南漳不宜致瑞於沔也叙
故辨之非抑炳文懼失實耳

史氏曰夫炳文之孝常行也而夫人咸異之至指池蓮以為瑞可以觀人心之同矣然炳文徙居而以孝子扁堂又以廬墓形之上分司之詩將自以是為非常事哉

錢朝陽浙江人號老樵寓沔陽優於問學有詩集官至饒州知府子瑭幼號神童仕終給事中

潘子安和州人寓沔陽工詩詞有海天清嘯集行于世官至夔州府同知

吴欽仁和人隸籍京師舉進士歷刑部郎中詳

獄詳慎多所湔雪弘治中有迎
駕覲完者詞引千數輩欽鞫其不辜者悉縱之
人以爲平又嘗奉
勅賑饑慶陽全活甚衆後遷湖廣副使督理屯
田奪豪右侵地甚衆在任五年增賦十萬尋以
病解職貧不能歸因家于沔杜門謝事數年終
史氏曰君子之至於斯也邦人之觀望繫焉惜
也沔無嘉山水無以枉致賢躅可紀者僅此爾
故志流寓又云張橫渠嘗過郢涉沔有僧掇其
琴横渠曰琴不祥矣遂棄之水叙牧沔乃漢沐

遁名且横渠過郢未
嘗至沔也故不敢書

賛曰逶迤江鄉冠蓋竿集雍容數賢於焉棲跡
景行方來作賓斯邑

孝義傳

元徐勝祖沔陽人史稱其居喪廬墓

皇明呂中字子正景陵人以辟舉授四川布政司照磨性至孝父蚤喪奉母甚謹每夙興必正衣冠四拜母亡廬於墓側朝夕號哭三年乃歸中居官有聲宣德間上䟽請免縣民歲造弓矢三之一以蘇民力邑人德之

元翟氏景陵張楚材妻夫卒時年二十守節終身至正間旌其門

王氏景陵吳伯璋妻夫卒時年二十守節終身
至正間旌其門

皇明熊氏沔陽袁子傑妻夫卒年僅二十有四
守節終身有司以聞詔旌其門

王氏沔陽軍人馬抱攬妻夫從軍亾時王年二
十有五貧苦無依守節至死永樂間事聞詔旌
其門

任氏吳副使欽毋也少歸武林吳景景歿任年
止二十有五孀黨憫其少欲奪其志輙號泣不

食誓吕死守躬自訓子十歲猶不令出户姑患瘻痺即與同寢處左右抱持夜毋焚香籲天乞以身代姑復嘔吐毋舉盂吕倏或不及吕手奉之姑殁竟蔬食不茹葷比葬得白兔二人吕爲孝感所致弘治戊申有司以聞詔以節孝旌其門後吕子貴封太安人年八十三終葬沔陽

費氏沔陽丘思賢妻思賢卒時年二十有五守節年八十有四終知州咸復其家

李氏丘容妻費之婦也容卒年十有九遺腹生

子當終身誓死無他志姑婦並以清節相繼後先

朱氏沔陽左祥妻夫卒年十有九守節終身

石氏左祐妻祐祥弟也卒時石年十有八子宣生甫三月守節至老持行端莊左氏二婦並以節聞四婦俱揭名旌善亭正德初部使采焉

王氏景陵蕭政妻年十九夫死無子守節獨與一老嫗朝夕紡績自給釜盎寥落處之裕如邑有巨姓而鰥聞其賢固請之屹不爲動自是人

無敢復言壽七十八終弘治中知縣周端咨訪其節將聞之朝未果鄉人至今惜之

史氏曰夫孝丈夫之順德也能致其誠而已夫義女子之貞行也能致其潔而已故執一術而百善至百邪去者其惟孝義乎廬於墓非制也而勝祖中並吕是稱非吕其篤於天性發於純誠邪至於諸姬時遭艱阻志乖好合而乃執節死義卒與霜雪同皎松筠等操雖丈夫之烈何加焉於乎爲人子爲人婦者可以觀矣

贊曰天經人紀維義與孝臨喪致戚處難中要結廬松楸截髮壹與蓼莪同悲栢舟比操

孝義傳

外傳

沔陽志十八

陳友諒沔陽人本姓謝祖千一贅于陳遂從其姓父普才黄蓬漁子也友諒幼岐嶷比長膂力過人優於武藝嘗爲縣吏不樂會羅田徐壽輝與倪文俊兵起慨然往從之爲文俊簿書掾尋亦領兵爲元帥及文俊專恣心不能平元至正丁酉九月文俊謀殺壽輝不果奔黄州友諒因乘釁襲殺之遂并其軍自稱平章戊戌友諒攻安慶守臣余闕固守倚小孤爲藩蔽命義兵元

帥胡伯顏統水軍戍守友諒自上流直擣山下
伯顏與戰四日夜不勝奔還友諒進薄城下闕
遣兵扼之俄而饒兵攻西門友諒兵乘東門既
登城闕簡死士奮擊敗之友諒恚甚乃并軍樹
柵起飛樓來攻闕分兵捍敵晝夜不得息友諒
兵四面蟻集城陷闕死之夏四月破龍興路復
破瑞州五月友諒遣康泰趙琮鄧克明等攻邵
武又遣別將攻吉安路進破撫州八月破建昌
路九月破贛州十一月破汀州己亥三月遣兵

略衢州復遣兵破襄陽路六月復遣其黨王奉國攻信州元江東廉訪使伯顏不花的斤自衢往援破走其兵後數日又攻之復大破之友諒弟友德植木柵攻城甚急又遣使來說降的斤數其罪而斬之王奉國遂穴地梯城晝夜攻之踰旬城陷的斤死之十二月陷杉關初徐壽輝聞友諒破龍興欲徙都之友諒忌其來不利已不從至是壽輝固引兵發漢陽南下江州友諒陽出迎而伏兵於城西壽輝既入門閉伏發盡

殺其部屬惟存壽輝以江州為都居之遂自稱
漢王立王府置官屬事權一歸友諒壽輝擁虛
位而已庚子四月友諒以壽輝自挽陽攻池州
張德勝率我師往援至則守將趙忠被執城已
陷矣乃設伏敗之斬首萬級生擒三千餘遂復
池州五月漢王友諒以重兵犯太平城陷殺其
守將花雲遂直犯龍江
太祖大怒命諸大將共謀擊之于石灰山殺傷
相當馮勝率敢死士直衝其中堅大破之友諒

僅以身免追至釆石復與大戰友諒復敗而遁
遂得太平初友諒犯太平挾壽輝以行及太平
陷急謀僭竊乃於釆石舟中佯使人詣壽輝前
白事令壯士持鐵鎚自後擊之碎其首壽輝死
友諒遂以釆石五通廟為行殿稱皇帝國號漢
改元大義仍以鄒普勝為太師張必先為丞相
群下立江岸草次行禮值大雨至畧無儀節既
而復還江州遣人約張士誠侵建康
太祖以康茂才與友諒舊乃使書策茂才曰吾

家有老閽舊嘗事諒令賫書偽降約為內應必信無疑友諒得書果大喜問曰康公安在曰見守江東橋又曰橋何如曰木橋也乃遣使還謂曰歸語康公吾即至至則呼老康為號歸具以告乃命李善長易江東橋以鐵石通宵治之友諒至見非木橋乃驚疑連呼老康無應之者始知閽者謬已茂才乃合諸將奮擊大破之降其將張志雄梁鉉俞國興劉世衍等縛其士卒二萬友諒奔還遣其將張定邊陷安慶府

太祖乃令諸將曰友諒賊殺其主僭稱大號侵我太平犯我建康今又以兵陷我安慶觀其所為不滅不已爾等其厲士卒以從徐達進曰師直為壯今我直而彼曲焉有不克獻計者或謀以城降或以鍾山有王氣欲奔據之或欲決死一戰而走未晚也劉基獨張目不言

太祖乃召基入内基曰先斬主降議及奔鍾山者乃可破賊耳

太祖曰先生計將安出基曰如臣之計莫若傾

府庫開至誠以固士心且天道後舉者勝宜伏
兵伺隙擊之取威制敵以成王業在此時也
太祖遂用基策督諸師率舟師乘風溯流而上
遂克安慶長驅向江州距其都五里許友諒始
知之謂神兵自天而降大破之友諒挈妻子夜
奔武昌我師遂入九江獲馬二千疋糧十餘萬
石既而友諒相胡廷瑞見江州已破遣使詣軍
中請降平章祝宗亦以南昌降壬寅春正月
太祖命宗從徐達征武昌宗中道叛回據南昌

四月始定其亂

太祖曰得南昌是去陳氏一臂因命大都督朱文正統元帥趙德勝等往鎮其地時友諒據湖廣張士誠據浙西皆未下衆以爲蘇湖地肥饒欲先取之基曰士誠自守虜耳友諒居上流且名號不正宜先伐之陳氏既滅取張氏如囊中物耳

太祖曰友諒剽而輕其志驕士誠狡而懦其器小志驕則好生事器小則無遠圖若先攻士誠

友諒必空國而來是我疲於應敵事有難為先攻友諒士誠必不能踰姑蘇一步以為之援朕所以取二寇者固自有先後也會友諒忿其疆埸日蹙乃作大艦來攻洪都自為必勝之計載其家屬百官空國而來以兵圍城其氣甚盛號六十萬兵戴竹盾禦矢石用雲梯等攻具百道攻城文正城上發砲石擂木火箭無不破之敵晝夜環攻友諒親督促之意必拔文正士畫軍中分布諸將隨方應敵剪獲甚衆友諒復以所

獲吉安守將劉齊朱華臨江同知趙天佑徇城下文正畧不爲動已而徳勝中流矢死被圍日久音問不通文正遣千户張子明告急於建康敵攻城益急文正遣捨命王話友諒營詐約日出降友諒信之緩其攻及期城上旗幟一新至暮不出友諒乃縛捨命王於城下殺之文正堅守以待援至初子明取東湖小漁舟夜從水關潛出越石頭口夜行晝止半月始達建康見

太祖具言其故

上問友諒兵勢何如子明對曰友諒兵雖盛戰鬬死者亦不少今江水日涸賊之巨艦將不利用又師久乏粮若援兵至必可破也

太祖曰歸語文正但堅守一月吾當自取之子明還至湖口為友諒所執友諒使呼文正出降子明至城下呼曰大軍且至固守以待文正聞之守益堅敵莫能破七月丙戌

太祖親帥諸將發舟師二十萬進次湖口自友諒圍洪都至是凡八十有五日聞援兵至即解

圍東出鄱陽湖以逆我師丁亥遇于康郎山戊子我師分為十二屯徐達常遇春等諸將擊敗其前軍俞通海復乘風發火砲焚寇舟二十餘艘軍威大振友諒驍將張定邊奮前欲戰常遇春射却之廖永忠即以飛舸追定邊定邊走身被百餘矢士卒多死傷己丑諸軍接戰至晡東北風起復以七舟載葦荻置火藥其中乘風縱火焚其水寨舟數百艘火熾十里之間烟焰漲天湖水盡赤友諒弟友仁友貴及平章陳普略

等皆焚死溺萬餘人賊鋒盡挫庚寅末忠逼海
等以六舟深入鏖戰敵聯大艦擁蔽悉擲刃以
死拒我師望六舟無所見意已陷没有頃六舟
飄飄而出勢若游龍我師見之勇氣愈倍合戰
益力呼聲動天地敵兵大敗友諒奪氣辛卯張
定邊欲挾之退保鞋山爲我師所扼不得出斂
舟自守不敢戰是夕我師渡淺泊于左蠡與友
諒相持者三日八月八日我舟入江駐南湖嘴
水陸結營劉基期以金木相犯日决勝負敵舟

不敢出糧且盡壬戌友諒計窮冒死突出欲由
禁江口奔還武昌
太祖麾諸將邀擊之舟聯比隨流而下自辰至
酉力戰不已友諒是日中流矢貫睛及顱而死
擒其太子善兒諒自稱帝至死僅四年年四十
四其平章陳榮姚天祥已下悉以樓船軍馬五
萬來降定邊乘夜以小舟載友諒屍及其子理
徑趨武昌復立理爲帝改元德壽我師復圍之
甲辰春正月

太祖建國號吳二月以武昌圍久不下乃親往視師督諸將擊之擒其元帥張必先既而遣羅復仁入城諭陳理使降遂率其太尉張定邊詣軍門降凡府庫悉令理自取城中民多饑困命給粟振之於是湖廣江西諸郡相繼皆降乃封友諒父普才承恩侯理順德侯友諒兄友富歸仁伯友直懷恩伯弟友仁追封康山王命有司塑像歲祀焉後普才徙滁理徙高麗

平江漢頌

金華宋濂

天眷有德實惟
哲皇肆其神畧以靖寇攘義旄東指罔敢弗恭風烈虎嘯雲游龍驤長淮既歸江左攸屬浙之東西樹侯置牧乃建國家以奠南服以懷中原以控西蜀蠢尒小醜敢讐大邦集其兇頑鋒蝟斧螗輕涉我疆以跳以踉亦既剪劉僵骸覆江游齊六軍直傾其穴釋而勿誅俾自懲刱闔胡不然復豕而咥翹其蚩臂當吾車轍

皇用震怒歷告在廷是決不悛命將徂征爾選舟師爾整甲兵漕爾糗粮各罄爾誠揺光在中夷則之月禡牙江濱

皇秉巨鉞以誓以戒以速其發紀律精明熛火奮激旟旐揚揚貔貅將將矛戈洸洸鎧冑明明載怒載厲載飛載颺雄威所吞已無荆湘既與虜逢大呼衝擊縈騰繁駭星流火戟虐燄雷奔巨轟雷劈殺氣冥濛不辨咫尺矢鋒所貫什伍聯聯縱横交紐命隕弗顧櫕槍湊驫筍束蝟編

流尸塞川舟行弗前虜魄既褫扶創而逸聚于湖輿僅存喘息我方植柵江之南北次筏在流掩蔽如翼越歷四旬飛走途窮將冐萬死以絶其衝我師見之千艣如龍似兎之走而鷹之從酣戰六時由艮達酉僕姑一發殪此酋首貫睛及顱仆若枯柳大憝既除餘不能醜遁相告言我誠不振我革我頑我歸至仁誰謂培塿可高嶙峋再拜稽首來降來臣

皇曰俞哉汝俘予受宥汝弗劉予汝父母汝凍

予衣汝饑予哺昔何昏迷今始撤蔀奏凱而旋
騎吹欝摇形於樂歌節以鐲鐃飲至于廟頒賞
于朝帛堆其家肉登其庖都人聚觀舉手加額
或歎或謡有聲嘖嘖干戈相尋匪一朝夕自今
升平可坐而茇惟
皇神武動則克之羣策盡屈四方式之惟
皇寬慈降則釋之義聲動溢疇能敵之惟
皇明斷遇事即决洞見千里不隔一髮所以西
征成此駿烈小大畢朝孰敢肆孽在昔赤壁洎

乎合淝事以幸集尚傳策書況茲之功俊偉赫
熹楑古無讓可無咏詩臣雖徵賤文字是職對
揚
皇休并獻臣臆三代以還用仁興國
皇宜遵行来作民極
史氏曰胡元亂華天地晦塞譬諸禽獸人得而
驅之也友諒奮臂逢湖提戈荊楚遂能屢破堅
城卒僭尊位可謂勇矣然既戕主師復弒天完
凶戾罔儔殘虐無厭人謂項籍矯殺冠軍陰弒

義帝大抵同矣及

天命有歸

真人首出諒不能委身江漢輸款闕廷而乃犯我龍江闞我洪都盛兵東下志意驕悍此何異滎陽之圍也卒之授首鄱陽鯨鯢盡殪何暇烏江之刎乎驅爵於林驅魚於淵蓋聖王之鸇獺爾余因據國史書之又明玉珍或云沔人史云隨人故不書

賛曰嗟爾漁豎黷禍搆亂雲擾荆楚鼎沸江漢

蠅聲紫色終釐
皇葬

外傳

辯誤

故志官秩有沔州守高稼景陵知縣裴讓敘按宋史稼知沔州蒙古入寇稼死之時賊自鳳州入沔無城依山為城不類沔陽地且是時沔陽縣廢久止稱復州則知稼所守迺漢中之沔州也景陵乃唐憲宗陵名在奉天縣賊損神門戟架車涉山陵故宣宗以讓知縣事讓所知乃奉天非景陵也且是時景陵尚名竟陵至五代晉始改今名其失實類如此

又宋安撫翟貴以城降元而故志有翟黄與貴同時同官考之諸書無翟黄名疑即貴也若是則非宋之忠臣不足紀錄故并存以俟考其諸故蹟訛舛者已附註其下後之君子或不以爲謬也承叙識